Sous la direction
d'Alain BENTOLILA

Irène BAJOR
conseillère pédagogique

Paul BENAYCH
IEN

Jean-Claude CARDINETTI
conseiller pédagogique

Jacqueline CORDILLET
maître-formateur,
directrice d'école

Daniel GALLET
IEN

Nadine ROBERT
maître-formateur

avec la collaboration de
Martine DESCOUENS,
institutrice

TOUT LE FRANÇAIS AU

CE1
CYCLE 2

NATHAN

Avant-propos

• *L'île aux mots* est un livre unique de français. Ce terme signifie que l'on propose au sein d'un seul manuel, avec une démarche pédagogique cohérente, un ensemble d'objectifs pour parvenir à une maîtrise globale du français.

Ces objectifs sont multiples : maîtrise de la lecture, de l'écriture, de la langue orale, capacité d'analyse « réflexive » de la langue (orthographe, grammaire, conjugaison, vocabulaire) et, enfin, acquisition progressive d'une méthodologie transversale.

On voit bien les difficultés que comporte une telle entreprise.

Le risque majeur est celui de la dispersion et de l'incohérence. Dans certains livres uniques, chaque leçon est segmentée : un peu de lecture, un moment d'écriture, une séquence d'orthographe, un peu de grammaire... Une telle conception prive évidemment l'élève de toute vision claire et structurée.

À l'opposé, on peut se contenter de placer côte à côte dans le même ouvrage un recueil de textes, un livre d'expression écrite, un précis de grammaire... Un tel manuel n'aurait de livre unique que le nom !

Or le vrai défi qu'il faut, et que nous avons voulu relever, c'est à la fois de conserver à chaque démarche de découverte son homogénéité – la pratique langagière a sa cohérence, les activités « réflexives » ont la leur – et de tisser entre ces différentes démarches des liens explicites tels que l'élève comprenne que **la langue est un tout**. C'est dans cette perspective qu'a été conçue *L'île aux mots*.

• **La classe de CE1 est une « classe charnière ».** En fin de cycle 2, les élèves doivent à la fois parvenir à une réelle maîtrise des mécanismes de base de la lecture et de l'écriture, mais aussi s'engager résolument dans la conquête et la production de sens. C'est aussi le lieu où l'élève doit prendre pour la première fois une distance par rapport à la langue en commençant à répondre à la question « Comment ça marche ? ». C'est un projet ambitieux quand on sait que les élèves arrivent au CE1 avec des compétences inégales.

L'île aux mots CE1 n'est pas la déclinaison simplifiée d'un manuel de cycle 3 : il s'agit bien au contraire d'**un concept à la fois original et adapté aux besoins très divers des élèves de 7 à 8 ans.**

– Nous avons d'abord voulu nous assurer que l'élève sortant du CP, après deux mois d'interruption, a bien automatisé les relations entre les sons et les lettres, notamment pour les plus complexes.

– Nous avons voulu l'engager de façon très progressive dans une véritable démarche d'écriture qui devient, en cours d'année, de plus en plus ambitieuse et autonome.

– Nous avons voulu assurer et consolider la maîtrise de la langue orale en commençant par la capacité à décrire, questionner, pour aller vers le récit oral construit et la discussion.

– Enfin, nous avons fait le pari de faire comprendre aux élèves de CE1 que la langue n'est pas une succession aléatoire de mots, mais qu'elle obéit à une organisation précise et nécessaire. Il ne s'agit pas de « faire de la grammaire » en nommant des catégories ou des procédures, il ne s'agit pas d'énoncer des règles d'orthographe, mais il s'agit de faire observer, de se poser les bonnes questions et de percevoir les régularités.

• L'ouvrage est composé de **deux grandes parties.**

– La première a pour objectifs principaux la lecture et la production de textes.

Elle s'organise en 15 unités (pour 30 semaines d'enseignement) tournées d'abord vers la lecture et l'expression orale et écrite. Chaque unité porte sur un point précis de pratique de la langue. 10 séquences spécifiques d'expression orale forment par ailleurs un vrai parcours de maîtrise de la parole.

– La seconde partie de l'ouvrage sépare clairement les principaux domaines d'activités « réflexives » sur la langue mais avec une même ambition : **faire comprendre à l'enfant « comment ça marche »**.

Entre ces deux parties, on a tissé **des liens** qui permettent à l'élève de passer d'un projet d'écriture à une leçon d'orthographe ou de grammaire, et inversement de chercher dans les textes de la première partie des terrains d'applications à la réflexion fonctionnelle pour que celle-ci ne soit pas « désincarnée ».

N'oublions pas : savoir parler, lire et écrire sont des performances et des compétences solidaires les unes des autres. Leur maîtrise suppose que l'on comprenne comment marche le système de la langue, mais aussi que l'on sache mettre en œuvre cette langue dans des situations pratiques et avec des intentions variées (de lecture, d'écriture et de parole). C'est cette ambition d'**une maîtrise vivante et intelligente du français** que s'est fixée cet ouvrage. Elle est **indispensable à la formation de tout citoyen responsable.**

Alain Bentolila
Directeur de collection

SOMMAIRE — Lecture et expression

Textes à lire (3)	Pour mieux écrire	Récréations
Pour fabriquer une tortue	• Je recopie sans erreur • Je vais à la ligne et je mets une majuscule	Les habits des autres
La journée des catastrophes	• Je mets la ponctuation • Je corrige proprement mon brouillon	C'est génial !
Zibulka au pays des épinards	• Je présente bien mon invitation • Je vais à la ligne quand il faut	Pour inviter... Et pour répondre
Les malheurs de César	• Je fais attention à l'ordre de l'histoire	Le grenier
L'ours de l'escalier (2)	• Je fais attention à la présentation	Cher monsieur Plantefol
Chez moi ; En rêve	• J'écris des vers • Je respecte les rimes	La fourmi
La pollution des océans	• Je donne des informations courtes et précises	Pa'Tatiana
Jules et son chapeau magique (3)	• Je reconnais les paragraphes • J'organise mon brouillon	À chacun son chapeau
Le balai des sorcières	• J'utilise des mots pour organiser mon récit • J'indique le début, le milieu et la fin	Pour devenir une sorcière
Quelques secrets sur le Soleil	• Je commence mes phrases par un verbe • J'emploie un verbe conjugué ou à l'infinitif	Pour faire le portrait d'un oiseau
C'est l'plombier !	• J'utilise les guillemets • J'utilise les pronoms « je » et « tu »	Le téléphone
Les extraterrestres	• Je fais parler mes personnages • J'utilise des verbes pour dire qui parle	Quartier libre
Le monstre de M. Stravinski	• Je nomme les personnages • J'utilise les pronoms	Je dessine des animaux fantastiques
La toute petite bonne femme, la mouche et le commissaire	• J'utilise des mots pour enchaîner les actions • Je comprends le sens des petits mots	Portrait
Les démons de la mer (3)	• Je repère les événements importants • Je termine une histoire	Publicité sur la mer

SOMMAIRE Étude de la langue

En route pour l'Île aux mots !

Viens ! Je t'emmène à la découverte de ton nouveau livre de français ! Tu vas découvrir qui je suis, et toi aussi tu vas te présenter.

Voici le titre de l'histoire que tu vas lire.

Un toucan peu curieux

Un jour, une tortue rencontre un drôle d'oiseau :

— Bonjour ! Comment t'appelles-tu ? demande la tortue.

— Je m'appelle Tiki et je suis un toucan.

— Tu as un joli bec !

— Oui, et il est bien pratique : il me sert à mâcher* les fruits que je mange. Au fait, j'ai faim, moi !

Et Tiki s'envole.

— Il n'est pas très curieux, ce toucan ! Il ne m'a même pas demandé mon nom ! pense la tortue.

Martine Descouens.

Cette étoile t'indique que ce mot est expliqué pages 190-191.

Regarde bien l'illustration. Elle t'aide à mieux comprendre l'histoire ou à répondre aux questions.

Après la lecture, réponds aux questions.

1 Comment s'appelle le drôle d'oiseau ?

2 Que mange Tiki ?

À toi de chercher !

1. Quel est le titre du texte ?
2. Quel petit dessin te permet de repérer les questions de lecture ?
3. Trouve le plus vite possible la ligne 7 du texte. Comment as-tu fait ?
4. Quel est le numéro de la page ? Où l'as-tu trouvé ?

Maintenant je te propose de t'entraîner pour mieux lire.
Puis, tu prendras ton stylo et ton cahier pour écrire.

Ce dessin t'indique que l'entraînement en lecture commence.

Pour mieux lire

Tu as déjà lu ces mots dans le texte. Relis-les.
drôle - mâcher - à - très - demandé - même

a) Observe les accents que tu vois dans ces mots.

b) Connais-tu le nom de ces accents ?

Il y a trois sortes d'accents :
l'accent aigu (´), l'accent grave (`)
et l'accent circonflexe (^).

Voici ce que tu dois absolument retenir.

J'écris pour présenter un personnage

Prépare-toi à écrire ! Aide-toi du modèle.

1 Observe les mots en bleu.
Par quels mots pourrais-tu les remplacer si la tortue rencontrait un éléphant ?

— Bonjour ! Comment t'appelles-tu ?
— Je m'appelle Tiki et je suis un toucan.
— Tu as un joli bec !
— Oui, et il est bien pratique :
il me sert à mâcher les fruits
que je mange.

2 As-tu été obligé(e) de changer d'autres mots dans le texte ?

3 Aide-toi du modèle pour écrire sur ton cahier la rencontre entre l'éléphant et la tortue.

À toi de chercher !

1. Que t'indique ce petit dessin : 
« Entraîne-toi à lire » ou « Prépare-toi à écrire » ?
2. Où dois-tu écrire le texte qui raconte la rencontre entre la tortue et l'éléphant ?
Relis la consigne qui te permet de le savoir.

Ensuite, tu vas t'entraîner pour mieux écrire.
Suis bien l'ordre des activités !

Dans cette page, tu vas apprendre à te présenter.

Pour mieux écrire

Je me présente

Je donne des renseignements précis

J'observe

Lis et réfléchis.

■ **Voici comment Tiki se présente :**

Je m'appelle Tiki.
Je suis un toucan.
J'ai un joli bec et j'aime manger des fruits.

Puis réponds aux questions.

■ **1. Comment sais-tu que Tiki parle de lui ?**

■ **2. Quels renseignements donne-t-il ?**

Pour te présenter tu dois :
1. Écrire en utilisant Je (ou J').
2. Donner ton prénom (parfois ton nom).
3. Parler de ce qui permet de te reconnaître (la couleur des cheveux, des yeux...).
4. Parler de ce que tu aimes.

Ensuite, écoute ces conseils. Ils t'aideront pour mieux écrire.

Je m'exerce

Te voilà prêt(e) à t'exercer. Fais-le à l'oral ou à l'écrit.

■ **Aide-toi du texte suivant pour te présenter.**

Je m'appelle ....
Je suis ....
J'ai ...... et j'aime ....

À toi de chercher !

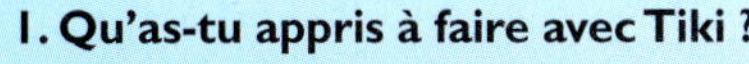

1. Qu'as-tu appris à faire avec Tiki ?
2. Quand dois-tu utiliser les conseils qui te sont donnés : avant de t'exercer ou après ?
3. Comment peux-tu retrouver très vite les conseils que l'on te donne ?

Pour terminer, je vais t'aider à améliorer les textes que tu as écrits. J'ai aussi choisi pour toi des récréations et des livres que tu pourras lire à l'école ou à la maison.

Pour corriger tes textes, tu peux travailler avec un(e) camarade.

Je relis, je réécris

Reprends le texte que tu as écrit pour présenter l'éléphant.

Compare ton texte avec celui de ton(ta) voisin(e). Avez-vous donné des renseignements qui permettent de le reconnaître facilement ?

La récréation, c'est un petit texte que tu lis pour le plaisir.

Récréation

La tortue

La tortue n'a pas tort
Au lieu de se presser
Elle
Préfère
Prendre
Tout
Tout
Tout
Tout
Son
Temps [...]

François David, *Zéro pour Zorro*, coll. Pommes Pirates Papillons, © Éd. motus.

Voici une couverture de livre, si tu as envie de lire une autre histoire.

Piste de lecture

Toucan Toublanc est un drôle d'oiseau… noir.

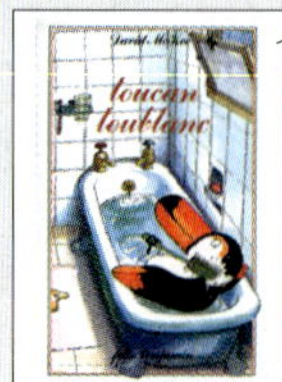

David McKee, ***Toucan Toublanc,*** Folio Benjamin, Gallimard.

À toi de chercher !

1. Es-tu obligé(e) de lire le livre que Tiki te propose dans la piste de lecture ? À ton avis, où peux-tu trouver ce livre ?
2. À quoi peut te servir l'activité « Je relis, je réécris » ?

Bonjour je m'appelle Tiki !

J'espère que tu as passé de bonnes vacances. C'est la rentrée des classes et je t'emmène vers L'Île aux mots. Jusqu'à Noël, tu vas lire et découvrir plein d'histoires. Par exemple, les aventures de Colin Lapin ou de Zibulka, la petite fée qui a horreur des épinards...

- Tu vas aussi apprendre à raconter des petites histoires, à écrire une liste ou une invitation, à corriger tes brouillons...

Bonne rentrée et en route pour L'Île aux mots !

Listes et recettes

Tisane de douceur pour parents énervés

Il faut :
- Un demi-verre d'eau sucrée.
- Un petit pois de miel.
- Un pétale de fleur (rose si possible).
- Un clou dc girofle*.
- Un brin de thym*.

Faire bouillir 11 secondes.
Couvrir 2 minutes 43 secondes.
Passer dans une passoire.
Servir au papa ou à la maman énervés en leur disant :

« Maminette
maminotte
sois doucette
doucelotte
maminette
maminotte
aime-moi
maintenant ! »

Anne-Marie Chapouton, *Grimoire*, Castor Poche Benjamin, © Flammarion.

Ce texte te donne la recette d'une tisane.

1 De quoi as-tu besoin pour préparer cette tisane ?

2 Que dois-tu faire pour la préparer ?

3 La tisane suffit-elle pour calmer les parents énervés ? Que faut-il faire en plus ?

4 Observe la liste des ingrédients. Quelles remarques peux-tu faire sur sa présentation ?

Chats et souris

Isabelle a invité ses amis chez elle pour manger des crêpes. Elle leur a demandé de venir déguisés en chats...

Aujourd'hui mercredi, c'est Mardi-Gras. Isabelle prépare des souris qui se mangent. C'est très facile et très amusant. Sa maman fait des crêpes.

À trois heures, Olivier, Pierre, Sophie et Julien arrivent déguisés en chats.

Ils entrent dans la cuisine et voient les souris sur un plat. Ils s'écrient tous ensemble :

« Des souris !

— Comme elles sont jolies !

— Mangeons-les ! »

Comment faire une souris qui se mange ?

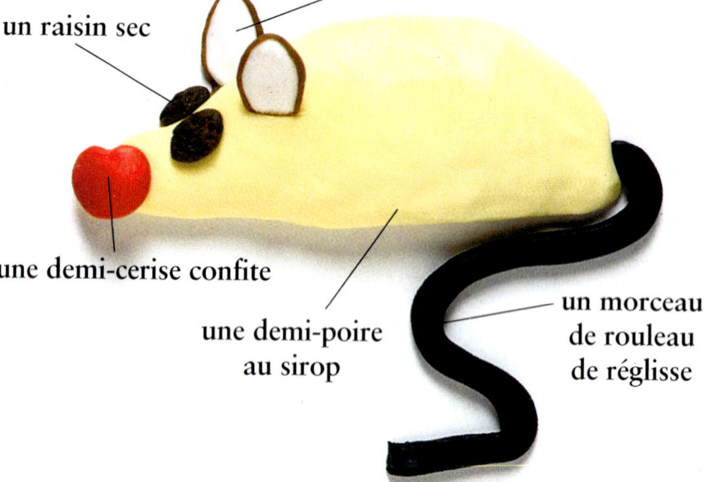

C. Elesse, J. Hébrard, P. Dubois, *Chats et souris*, coll. D'abord comprendre, © Hatier, 1985.

1 Que prépare Isabelle pour le goûter ? Que fait sa maman ?

2 Qui vient à la fête ?

3 De quelle fête s'agit-il ? La connais-tu ? Que peux-tu en dire ?

4 Comment les enfants sont-ils déguisés ? Est-ce important ? Pourquoi ?

5 De quoi a-t-on besoin pour faire une souris qui se mange ? Fais la liste oralement.

6 Explique comment fabriquer la souris.

Pour mieux lire

1 Tu as déjà lu ces mots dans les textes. Relis-les.

Olivier - mercredi - manger - servir - des parents énervés - passer

a) Est-ce que les lettres en rouge se prononcent toutes de la même façon ?

b) Ces lettres sont-elles à la même place dans les mots ?

c) Classe les mots en deux groupes. Explique ton classement.

> Dans un mot, « er » ne se lit pas toujours de la même façon :
> - « er » se prononce [e] à la fin des mots : *du papier, jouer ;*
> - « er » se prononce [ɛʀ] dans les mots : *la mer, merci, il a perdu.*

2 Attention ! Parfois, on entend séparément les deux lettres « e + r ».

parler - il parlera
trouver - il trouvera
mercredi - une meringue
un cercle - une cerise

J'écris une liste

Pour faire des crêpes, Isabelle a commencé à écrire la liste des ingrédients et du matériel dont elle aura besoin.

Complète sa liste en regardant bien les dessins.

Liste des ingrédients

- De la farine.
- Du lait.
- ......
- ......
- ......
- ......

Liste du matériel

- Un saladier.
- Un fouet.
- ......
- ......
- ......

Pour fabriquer une tortue

Il faut :

- Une noix.
- Trois pistaches.
- Deux petites perles noires.
- Un tube de colle.
- Un pinceau.
- De la peinture verte.
- De la peinture marron.

1. Séparer en deux la noix et deux pistaches.
2. Garder une coquille de noix et les quatre coquilles de pistaches.
3. Peindre la coquille de noix en marron.
4. Peindre ensuite les quatre coquilles de pistaches et la pistache entière en vert.
5. Laisser sécher.
6. Coller les quatre coquilles de pistaches sous la coquille de noix pour faire les pattes de la tortue (a, b, c, d).
7. Coller la pistache entière pour faire la tête (e).
8. Coller les deux perles noires sur la tête pour faire les yeux.

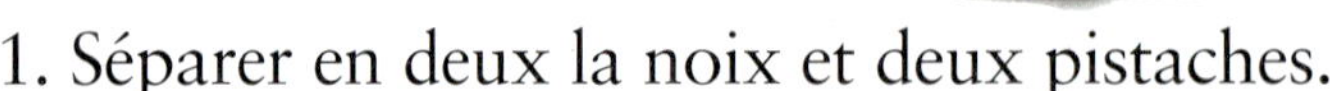

La tortue est terminée !

Création Claude Jeantet pour *Animaux de tout poil*,
© Éd. Dessain et Tolra, 1992.

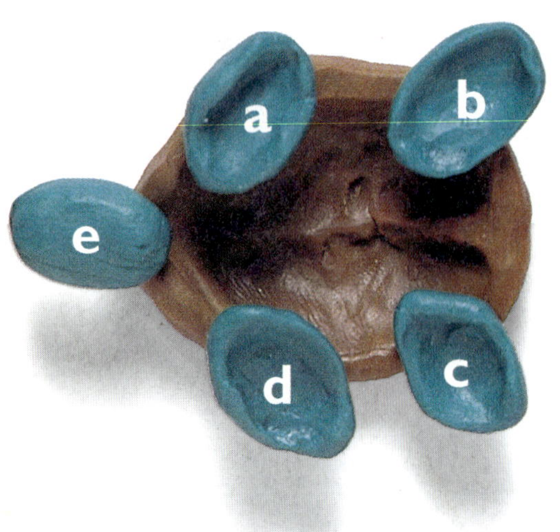

1 Pourquoi ne prend-on qu'une seule coquille de noix ?

2 À quoi servent les trois pistaches ?

3 On pourrait fabriquer la tortue sans la peindre. Pourquoi utilise-t-on des couleurs différentes ?

J'écris une liste

Je recopie sans erreur

J'observe

Voici la liste complète des ingrédients pour préparer des crêpes :

- De la farine.
- Du lait.
- Des œufs.
- Du sucre.
- De l'huile.
- Du sel.

1. Reprends la liste que tu as complétée (voir p. 15). As-tu écrit les mots sans fautes ?

2. Comment fais-tu pour recopier un mot ?

Pour recopier un mot sans fautes, tu dois :
1. Bien regarder le mot.
2. Fermer les yeux et retrouver le mot dans ta tête.
3. Écrire le mot sans regarder le modèle.
4. Vérifier que tu ne t'es pas trompé(e).

Je m'exerce

a) Recopie la liste du matériel pour fabriquer une tortue (p. 16).

b) Vérifie que tu ne t'es pas trompé(e).

Je vais à la ligne et je mets une majuscule

J'observe

1. Observe la liste du matériel pour fabriquer une tortue (p. 16). Combien d'éléments y a-t-il ?

2. Combien de lignes faut-il pour écrire cette liste ?

3. Que remarques-tu au début de chaque ligne ? et à la fin de chaque ligne ?

Pour écrire une liste, tu dois :
1. Changer de ligne à chaque nouvel ingrédient ou à chaque nouvel objet.
2. Mettre un tiret au début de chaque ligne.
3. Après le tiret, mettre une majuscule.
4. Mettrc un point à la fin de chaque ligne.

Je m'exerce

Voici le matériel nécessaire pour fabriquer un chien. Écris la liste de ce matériel.

Je relis, je réécris

Reprends la liste que tu as écrite pour faire des crêpes (voir p. 15).

1 Compare ta liste avec celle de ton(ta) voisin(e). Avez-vous bien présenté vos listes ?

2 Que pourrais-tu faire pour améliorer ta liste ? (Tu peux t'aider des modèles que tu as lus.)

Tu peux te reporter :

Bien écrire, bien comprendre (1) p. 123.

Récréation

Pourquoi ce seraient toujours les mêmes qui auraient des habits neufs et toujours les mêmes qui hériteraient des vieux habits des autres ? Tenez, moi par exemple, j'ai au moins 16 habits des autres dans mon armoire :

- Des habits d'hiver.
- Des habits d'été.
- Des habits qui grattent.
- Des habits qui piquent.
- Des habits qui collent.
- Des habits qui dépassent.
- Des habits délavés.
- Des habits de garçon.
- Des habits avec des ourlets décousus.
- Des habits qui sentent mauvais la naphtaline.
- Des habits démodés.
- Des habits usés, raccommodés, rafistolés, effilochés.
- Des habits qui ne se font plus et que je suis la seule à porter !

F. Bertrand, *Les petits héritages*, © Éd. du Rouergue.

Pistes de lecture

Si tu veux découvrir d'autres recettes amusantes, tu peux lire ce livre :

Grimoire, Castor Poche Benjamin, Flammarion.

Dans une famille, les derniers portent toujours les vieux habits des grands…

Frédérique Bertrand, *Les petits héritages*, Éd. du Rouergue.

2 Drôles d'histoires

C'est génial !

Quand Alice joue de la trompette,
ça résonne fort dans nos têtes !
Quand Martin est à la batterie,
il fait plutôt un sacré bruit.
Quand Cymbeline fait du violon,
ciel ! quelle douce émotion...
Mais quand ils jouent tous en même temps,
c'est génial, génial vraiment !

Quand Esther pique une colère,
c'est tout à fait extraordinaire.
Quand Benjamin se met à hurler,
ça fait le bruit de dix bébés.
Quand Théo tombe dans la poubelle,
le vacarme* redouble de plus belle.
Mais quand ça leur prend tous en même temps,
c'est génial, génial vraiment !

Quentin Blake, *C'est génial*, trad. L. Model, © Éd. Gallimard.

?

1 Que fait chaque personnage du premier et du deuxième paragraphe ?

2 Que se passe-t-il quand les enfants jouent de la musique ensemble ? Et quand ils crient tous ensemble ?

3 Les deux paragraphes se ressemblent. Dis pourquoi.

4 Combien y a-t-il de phrases dans chaque paragraphe ? Certaines phrases commencent par le même mot : lequel ?

La ronde des jours

Aujourd'hui dimanche,
premier jour de la semaine, il pleut.
Je n'ai pas de parapluie, je ne peux pas sortir.
Peu importe, je resterai chez moi, j'irai m'acheter
un parapluie demain lundi.

Aujourd'hui lundi,
deuxième jour de la semaine, je suis sorti,
pour m'acheter un parapluie.
Mais le magasin était fermé.
Peu importe, je reviendrai demain mardi.

Aujourd'hui mardi,
troisième jour de la semaine, il fait un temps superbe,
un parapluie est inutile.
Peu importe, j'irai m'acheter un parapluie,
demain mercredi. [...]

Aujourd'hui samedi,
septième jour de la semaine, je suis sorti
et je suis revenu avec... devinez quoi...
Avec un gros gâteau, rond comme un parapluie.
Et je l'ai mangé.

C'est demain dimanche,
la semaine recommence, et je n'ai toujours pas...
de parapluie.

?

1 Au début de l'histoire, le personnage ne peut pas sortir. Pourquoi ?

2 À la fin de l'histoire, s'il pleut, pourra-t-il sortir ?

3 Pourquoi le personnage n'a-t-il pas acheté de parapluie lundi ? et mardi ? Relève l'expression qui montre que cela n'a pas beaucoup d'importance pour lui.

4 On croit que le personnage va acheter un parapluie le samedi. Le fait-il ?

5 Essaie d'expliquer le titre du texte.

Pour mieux lire

1 Tu as déjà lu ces mots dans les textes. Relis-les.

une trompette - la tête - une émotion - un gâteau - la récréation - une batterie - sortir - la patience - une invitation

a) Est-ce que les lettres en rouge se prononcent toutes de la même façon ?

b) Comment pourrais-tu classer ces mots ? Explique pourquoi.

c) Cherche d'autres mots pour compléter ton classement.

La lettre « t » ne se prononce pas toujours de la même façon :
- le plus souvent, j'entends [t] comme dans *tête*,
- mais parfois j'entends [s] comme dans *solution*.

2 Attention ! Parfois on n'entend pas la lettre « t » à la fin des mots.

une étudiante → un étudiant
une cliente → un client
une savante → un savant

elle est forte → il est fort
elle est contente → il est content
elle est amusante → il est amusant

J'écris à la manière de l'auteur

Dans *La ronde des jours*, p. 20, tous les jours de la semaine ne sont pas écrits.

1 Quels sont les jours qui manquent ?
Dis ces jours dans l'ordre, à la manière de l'auteur :
Aujourd'hui ......, ... jour de la semaine,
je suis sorti pour m'acheter un parapluie.

2 Choisis un jour, puis écris pourquoi le personnage n'a pas pu acheter un parapluie ce jour-là. Tu peux prendre des idées dans la liste suivante :
- Le marchand était absent.
- Il n'y avait plus de parapluies.
- Le personnage est tombé dans l'escalier.

3 Maintenant, écris ton texte en t'aidant du modèle :
Aujourd'hui ......, ... jour de la semaine,
je suis sorti pour m'acheter un parapluie.
Mais ....
Peu importe, ...

La journée des catastrophes

Maman est en retard. Elle téléphone à Claire pour lui dire de préparer l'anniversaire de Mamie. Quand maman revient...

— Ah ! te voilà, Maman ! J'ai tout préparé pour l'anniversaire de Mamie.

— Bon, c'est formidable. Tu as bien rangé tous les jeux ?

— Rangé tous les jeux ? Mais tu as dit « casser tous les œufs ». J'ai cru que c'était pour faire une omelette. Ils sont tous cassés.

— C'est épouvantable ! Mais les tartes ? Tu as bien réchauffé les tartes ?

— Réchauffé les tartes ? J'ai cru que tu disais « dévorer les tartes ». On les a toutes mangées.

— Je suppose que tu as oublié le cadeau d'anniversaire de Mamie. Tu lui as acheté les petits chaussons brodés* ?

— Mais non, je n'ai pas oublié. Seulement, tu avais dit « combinaison de plongée ».

— Quel désastre ! Qu'allons-nous faire ?

— Ne t'en fais pas, Maman. C'est une blague. Tout va bien, je t'assure.

Pat Thomson, *La journée des catastrophes*, coll. Myriades, © Épigones.

1 Pour quelle raison la maman de Claire a-t-elle téléphoné ?

2 Claire devait faire trois choses en attendant sa mère. Lesquelles ?

3 Dis à chaque fois ce que Claire a cru comprendre.

4 Peux-tu expliquer le titre du texte ?

5 Avec un(e) camarade, relis à voix haute les passages amusants.

6 Est-ce que l'histoire se termine bien ? Est-ce vraiment la journée des catastrophes ?

Je présente et je corrige un texte (1)

Je mets la ponctuation

J'observe

Quand Alice joue de la trompette,
ça résonne fort dans nos têtes.
Quand Martin est à la batterie,
il fait plutôt un sacré bruit. [...]
Mais quand ils jouent tous
en même temps,
c'est génial, génial vraiment !

1. Combien y a-t-il de phrases dans cet extrait ?

2. Comment reconnais-tu le début d'une phrase ? et la fin ?

*Une phrase commence toujours par une majuscule et se termine par un point **.** (ou bien par un point d'interrogation **?**, d'exclamation **!**, etc.).*

Je m'exerce

Recopie ce texte en ajoutant les points qui manquent.

— Mais non, je n'ai pas oublié
Seulement, tu avais dit
« combinaison de plongée »
— Ne t'en fais pas C'est une blague
Tout va bien, je t'assure

Je corrige proprement mon brouillon

J'observe

Voici les brouillons de Théo et de Magali :

A. Théo

Aujourd'hui lundi, ~~[raturé]~~ deuxième jour de la semaine, je suis ~~[raturé]~~ sorti pour m'acheter un parapluie.

B. Magali

Aujourd'hui mardi, ~~deuxième~~ troisième jour de la semaine, il fait un ~~temp~~ temps superbe, je n'ai ~~plus~~ pas besoin d'un parapluie.

1. Comment Théo et Magali ont-ils corrigé leur brouillon ?

2. À ton avis, quel est le brouillon le mieux corrigé ? Pourquoi ?

Pour corriger ton brouillon, tu dois :
1. Barrer proprement les mots qui ne conviennent pas (par exemple les mots avec des fautes d'orthographe).
2. Écrire juste au-dessus ce que tu veux mettre à la place.

Il fait un ~~temp~~ temps superbe.

Je m'exerce

Corrige proprement le brouillon de Théo en suivant les conseils donnés.

Je relis, je réécris

Relis le petit texte que tu as écrit (voir p. 21).

1 Combien y a-t-il de phrases ?

2 Vérifie que tu as bien mis une majuscule au début de chaque phrase et un point à la fin de chaque phrase.

3 Si tu corriges ton texte, suis bien les conseils donnés, p. 23.

Tu peux te reporter :

Des mots, des phrases, p. 138-139.

Récréation

C'est génial !

Un grand nettoyage de printemps,
c'est génial pour les petits
et les grands.

À plusieurs pour chasser une souris,
c'est génial et qu'est-ce qu'on rit !

Finir les pots de peinture,
c'est génial ! […]

Quand Fernand décide
de faire un gâteau
au chocolat, à la banane,
c'est trop beau !
À votre avis, qu'est-ce qu'on dit ?
C'est génial, merci !

Quentin Blake, *C'est génial*, trad. L. Model, © Éd. Gallimard.

Piste de lecture

Qui va accompagner monsieur Guillaume au restaurant pour son anniversaire ?

Anaïs Vaugelade, *L'anniversaire de Monsieur Guillaume*, L'École des Loisirs.

3 Invitations

Le jour de Charlotte

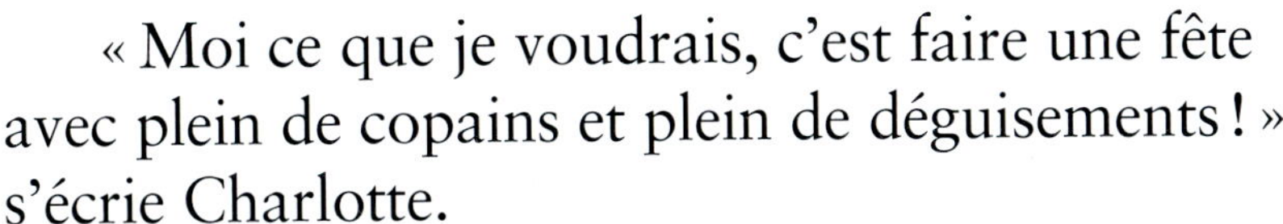

« Moi ce que je voudrais, c'est faire une fête avec plein de copains et plein de déguisements ! » s'écrie Charlotte.

Papa, Maman et même Martin sont enchantés à cette idée. Charlotte décide d'inviter Lili, sa meilleure amie, Juliette, sa meilleure cousine, Paulo, son plus ancien copain, et Thomas, le gentil nouveau.

Elle prend son papier à lettres parfumé à la fraise pour écrire les invitations :

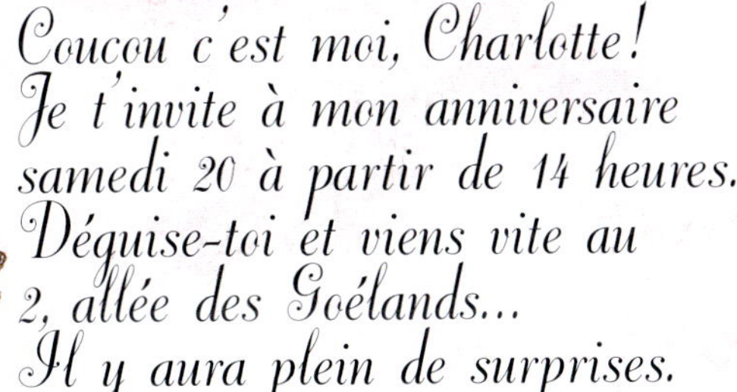

Coucou c'est moi, Charlotte !
Je t'invite à mon anniversaire
samedi 20 à partir de 14 heures.
Déguise-toi et viens vite au
2, allée des Goélands...
Il y aura plein de surprises.

Il ne reste plus qu'à faire parvenir les enveloppes aux invités le plus rapidement possible.

Fanny Joly, *Le jour de Charlotte*, coll. Tête-Bêche, © Hatier.

1. Charlotte organise une fête. Qui invite-t-elle ?
2. Comment s'y prend-elle pour inviter ses amis ?
3. Quels renseignements donne-t-elle dans l'invitation ?
4. Imagine quelles surprises Charlotte va préparer.

L'anniversaire de Colin Lapin

Colin Lapin a distribué des invitations toute la journée. Ce soir, c'est son anniversaire. Déjà, la nuit tombe. Colin Lapin rentre vite chez lui car rien n'est prêt. Mais quelle surprise…

Tous ses amis l'attendent !

Ils ont allumé des lampions, et les oiseaux chantent comme en plein jour ! Les écureuils ont allumé un feu et font griller des noisettes.

Il y a aussi les pâtisseries de madame Taupe,
la salade de la famille Lelièvre,
le pain de Mimi la souris,
le bon miel des abeilles,
les graines et les fruits des oiseaux,
le jus de sureau* du raton laveur.
Et en plein milieu trône le gâteau d'anniversaire du blaireau !

« Quelle merveilleuse surprise ! » pense Colin Lapin.

« Joyeux anniversaire ! Nos vœux les plus sincères... chantent-ils tous en chœur. Maintenant que tu es là, Colin, la fête peut enfin commencer ! »

Bernadette, *L'anniversaire de Colin Lapin*, © 1998 Éd. Nord-Sud.

?

1 Pourquoi Colin Lapin a-t-il invité ses amis ?

2 Quelle surprise attend Colin Lapin lorsqu'il rentre chez lui ?

3 Qu'est-ce que ses amis ont fait pour préparer la fête ?

4 Qu'y a-t-il à manger et à boire ? Fais la liste oralement.

5 Colin Lapin est-il content de cette surprise ? Trouve une expression dans le texte pour justifier ta réponse.

6 Imagine ce qui peut se passer ensuite.

Pour mieux lire

1 Lis ces mots. Que remarques-tu dans les trois colonnes ?

un oiseau	un anniversaire	il a distribué
une surprise	une chanson	une histoire
un déguisement	ensemble	un costume

- Complète chaque colonne avec les mots suivants :

un disque, une danse, une fraise, une réponse, un escalier, il est triste.

La lettre « s » peut se prononcer de plusieurs façons :
- entre deux voyelles, j'entends [z] comme dans *une maison* ;
- entre une consonne et une voyelle, j'entends [s] comme dans *un oursin, une moustache.*

2 Relis ces mots. Entends-tu la lettre « s » à la fin des mots ?

les écureuils - ses amis - les pâtisseries - des lampions - les noisettes - des invitations - les graines - les fruits

J'écris une invitation

Colin Lapin a invité ses amis pour son anniversaire.
Malheureusement, de la cire de bougie a coulé sur ses invitations.

Aujourd'hui, c'est ... ann...
Je t'in...te à la maison ce ... Ce sera la f...
Je t'...ends.
Colin Lapin

1 Aide Colin Lapin à retrouver les mots effacés.
Tu peux choisir les mots dans la liste suivante :

mon	anneau	invite	mairie	soir	fête	t'attends
ton	anniversaire	insiste	maison	soirée	foire	t'apprends

2 Recopie l'invitation sur ton cahier ou sur un joli papier.
Tu peux décorer ton invitation si tu en as envie.

Zibulka au pays des épinards

Zibulka, la petite fée, a horreur des épinards... Un jour elle est invitée à dîner chez ses tantes, trois sorcières qui lui envoient le message suivant :

> Chère petite nièce,
> Tes trois tantes t'invitent pour le dîner.
> Si tu es d'acord, prends le balai, il t'amènera chez nous.
> Michka, Olga et Polka

Après un long voyage, Zibulka arrive enfin à la caverne des trois sorcières.

Tante Michka dit : « C'est déjà l'heure de dîner ! »

Un grand chat noir fait le service. Il apporte quatre cornets pleins d'une chose verte, de la glace aux épinards !

Zibulka trouve ça très rigolo. Elle goûte et... Oui, vraiment, ces épinards sont délicieux !

Béatrice Rouer, *Zibulka au pays des épinards*, © Nathan.

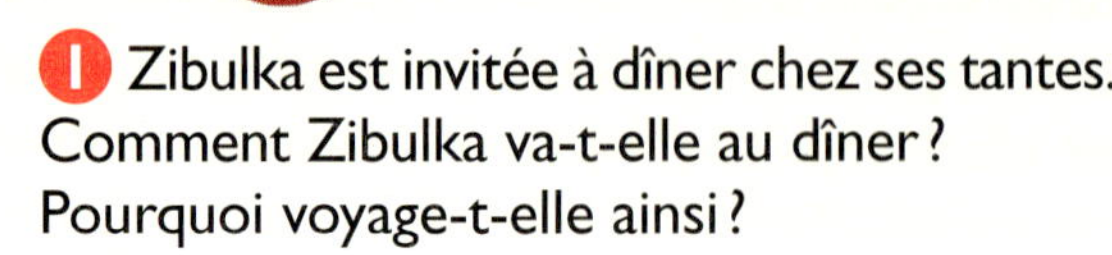

1 Zibulka est invitée à dîner chez ses tantes. Comment Zibulka va-t-elle au dîner ? Pourquoi voyage-t-elle ainsi ?

2 Que mange Zibulka pendant le dîner ?

3 Pourquoi trouve-t-elle ça « rigolo » (l. 14) ?

J'écris une invitation

1 Je présente bien mon invitation

J'observe

Je t'invite à venir à la maison
mercredi prochain à 14 heures
pour mon anniversaire.
Viens déguisé.

Chloé

1. Le texte de Chloé est-il court ou long?

2. Quels renseignements y trouves-tu?

3. Y a-t-il une signature?

Pour écrire une invitation, tu dois:
1. Écrire un texte court.
2. Donner des indications précises: le jour, l'heure, la raison, le lieu. Tu peux aussi ajouter un renseignement important.
3. Signer ton invitation.

Je m'exerce

Voici des indications que tu pourrais trouver dans des invitations. Choisis un mot ou une expression dans chaque colonne du tableau et invente ta propre invitation.

2 Je vais à la ligne quand il faut

J'observe

1. Relis l'invitation de Chloé. Combien y a-t-il de phrases? Combien de fois Chloé est-elle allée à la ligne?

2. Relis ce passage de *Zibulka au pays des épinards*.

Un grand chat noir fait le service.
Il apporte quatre cornets pleins
d'une chose verte, de la glacc
aux épinards! Zibulka trouve ça
très rigolo.

Combien de fois va-t-on à la ligne? Est-ce que cela correspond au nombre de phrases?

Dans un texte ou un récit, tu vas à la ligne quand tu arrives au bord de la page. Le début d'une ligne n'est pas forcément le début d'une phrase.

Je m'exerce

a) Recopie ce passage sur ton cahier, puis compte le nombre de fois où tu vas à la ligne.
b) Compare avec ton livre, p. 25.

Papa, Maman et même Martin
sont enchantés à cette idée. Charlotte
décide d'inviter Lili, sa meilleure
amie, Juliette, sa meilleure cousine,
et Thomas, le gentil nouveau.

Le jour	La raison	Le lieu	Autre renseignement
samedi dimanche mercredi	pour mon anniversaire pour ma fête pour jouer	à la maison chez ma grand-mère au cinéma	apporte un jeu viens déguisé prends des bonbons

Je relis, je réécris

Reprends ton invitation pour l'anniversaire de Colin Lapin (voir p. 27).

1. Vérifie que tu n'as pas oublié d'indication importante : le jour, la raison, le lieu, l'heure...
2. As-tu pensé à la signature ?
3. Tu peux ajouter un renseignement que tu veux donner.

Tu peux te reporter :

Bien écrire, bien comprendre (2) p. 124.

Récréation

Pour inviter...

Cher voisin,
cher ami,
il me serait doux,
il me serait charmant,
de vous offrir le thé,
demain à cinq heures.
Je ferai des biscuits,
ceux que vous aimez,
avec de la crème dedans.
Guérissez-vous, je vous attends.
Et je vous frotte les moustaches.

Signé : Herminette Rate-Ratelette

Anne-Marie Chapouton, *Les malheurs de César*,

Et pour répondre

À ce festin déjà je brûle
de me rendre ;
Mon appétit se trouve,
à chaque heure, agrandi
Et je vous dis à Vendre-
Di.

Tristan Derème, D.R.

Pistes de lecture

Sous un grand arbre, Oscar écrit à son amie Zoé pour l'inviter à...

★ Claire Masurel, *Chère Zoé...*, L'École des Loisirs.

On annonce un combat de boxe entre monsieur Tapedur et monsieur Coudepoing, le jour de la kermesse...

★★ Janet et Allan Ahlberg, *La famille Tapedur*, Folio Benjamin, Gallimard.

Expression orale

Répéter, expliquer

Stéphanie et Arthur sont à la plage. Arthur embête Stéphanie...

1. Qu'est-ce que Stéphanie dit à Arthur dans la vignette 1 ?
2. Pourquoi Arthur ne comprend-il pas ce que dit Stéphanie (vignette 2) ?
3. Quels mots se ressemblent dans la vignette 1 ?
4. Que veut dire « Articule » ? Tu peux chercher dans un dictionnaire.
5. Dans la vignette 3, quel mot Stéphanie a-t-elle changé ?
6. Est-ce qu'Arthur comprend mieux ?

Quand tu ne comprends pas bien ce qu'on te dit, tu peux dire : « ***répète, articule, explique-moi...*** ». Continue cette liste.

- **Jouez la scène à deux :** tu es Stéphanie et ton(ta) camarade est Arthur (ou inversement).
- **Inventez une autre histoire** avec des mots qui se ressemblent. Par exemple : *une guêpe* ou *une crêpe sur la tête, une abeille dans l'oreille...* Puis jouez la scène devant vos camarades.

Décrire (1)

1 Qu'est-ce que je vois ?

- De quelle couleur est cet objet ?
À ton avis, en quoi est-il fait ?
- Est-ce que cet objet sert à quelque chose ?
- Que représente cet objet ?

2 Qu'est-ce que j'en dis ?

Décris cet objet en complétant les phrases :
- *C'est une ...... de couleur ...... qui ressemble à un ....*
- *C'est un ...... qui sert de ....*
- *C'est une ...... en forme d'...... .*
- *C'est en ....*

3 Qu'est-ce que j'en pense ?

- Cet objet est-il bizarre ? amusant ? Pourquoi ?
- Parmi les adjectifs suivants, quels sont ceux que tu utiliserais pour dire ce que tu penses de cet objet ? Tu peux en trouver d'autres.
C'est joli, original, utile, étrange, étonnant, inattendu, ridicule...

• **Faites deux équipes A et B.** Chaque équipe met quatre objets dans une pièce pour que l'autre équipe ne voie pas ces objets. Un des membres de l'équipe A va dans la pièce, choisit un objet et revient le décrire à l'équipe B. L'équipe B dessine l'objet d'après la description. Comparez ensuite avec l'objet réel, puis **inversez les rôles**.

4 Petits malheurs

Il y a un cauchemar dans mon placard

Autrefois, il y avait un cauchemar dans mon placard. Aussi, avant d'aller dormir je fermais soigneusement la porte. Cependant j'avais encore peur de me retourner et de regarder. Quand j'avais regagné mon lit, je jetais un dernier coup d'œil. [...]

Une nuit, j'ai décidé de me débarrasser, une fois pour toutes, de mon cauchemar. Dès que la chambre fut dans le noir, je l'entendis glisser vers moi. J'allumai brusquement la lumière et le surpris assis au pied de mon lit.

« Va-t'en, cauchemar ! m'écriai-je, ou je tire ! »

J'ai tiré et mon cauchemar s'est mis à pleurer. [...]

« Cauchemar, lui ai-je dit, tais-toi, reste tranquille, sinon tu vas réveiller Papa et Maman. »

Comme il ne voulait pas s'arrêter de pleurer, je le pris par la main et l'installai dans le lit. Puis, j'allai gaiement fermer la porte du placard, avant de le rejoindre.

Mercer Mayer, *Il y a un cauchemar dans mon placard*, © Éd. Universitaires.

1 Combien y a-t-il de personnages dans cette histoire ? Qui raconte l'histoire ?

2 Qu'est-ce que le personnage principal décide de faire ? Pourquoi ?

3 Le cauchemar se met à pleurer (l. 13). Pourquoi ? Que fait alors l'enfant ?

4 À ton avis, le cauchemar est-il un véritable personnage ?

Du poison pour les dragons

Il fait noir. Yann a peur des deux dragons qui habitent sa maison, l'un dans le grenier et l'autre sous son lit. Sarah, qui n'a peur de rien, décide de les empoisonner.

Ils descendent à tâtons* dans la cuisine pour préparer le poison. Il faut une pincée de lessive, une pincée de sel, un tour de moulin à poivre, une pincée de bicarbonate* (ou alors de la levure à gâteaux), trois gouttes de lait et, TRÈS IMPORTANT, une boulette de toile d'araignée.

À tâtons, ils montent au grenier.

— Tu verras, dit Sarah. Les dragons ne font que tremper la langue. Et c'est suffisant. Le lendemain, il ne reste que de la poussière blanche : ça les fait fondre entièrement !

— Bon appétit, ajoute Sarah en mettant le couvercle rempli de poison sous le lit de Yann.

Le lendemain matin, Sarah ouvre la porte de la chambre de Yann en criant :

— Victoire ! Monsieur le dragon du grenier n'est plus qu'un tas de poussière.

Puis elle va regarder sous le lit.

— Celui-là aussi n'est plus qu'un petit tas gris.

Anne-Marie Chapouton, *Du poison pour les dragons*, Père Castor, © Flammarion.

1. De quoi Yann a-t-il peur ? Que décide de faire Sarah ?
2. Que préparent Yann et Sarah dans la cuisine ? Fais la liste des ingrédients qu'ils utilisent.
3. Où Yann et Sarah vont-ils déposer le poison ? Trouve les deux endroits.
4. Que découvrent les enfants, le lendemain, à la place des dragons ? Qu'en penses-tu ?

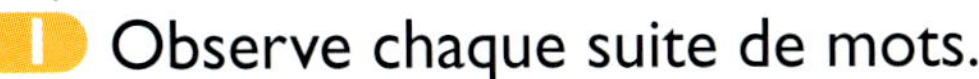

Pour mieux lire

1 Observe chaque suite de mots.

porte → forte → morte
main → pain → bain
noir → soir → voir
page → cage → sage

a) Qu'est-ce qui est pareil dans chaque suite ? Qu'est-ce qui est différent ?

b) À partir des mots suivants, à toi de jouer et de trouver une suite de mots.

douche → . . . roule → . . . boisson → . . . bouton → . . .

2 Lis ces groupes de mots.

il prépare → ils préparent
il déjeune → ils déjeunent
il arrive → ils arrivent
il habite → ils habitent

a) Dans chaque paire de mots, vois-tu une différence ?

b) Entends-tu une différence ? Quand ?

J'écris, je complète une histoire

Ces trois images illustrent un passage de l'histoire *Du poison pour les dragons*.

1 Recopie sur ton cahier la phrase qui correspond le mieux à la première image.

- Yann et Sarah préparent du poison pour le dragon du grenier.
- Yann et Sarah montent au grenier pour se débarrasser d'un dragon.

2 Fais le même travail pour la deuxième image.

- Puis ils poussent la porte du grenier.
- Puis ils déposent un couvercle rempli de poison.

3 À toi d'écrire une phrase pour la troisième image en t'aidant du texte, p. 34.
Commence ta phrase par : Le lendemain…

Les malheurs de César

César, le renard, se sent bien mal. Il téléphone au docteur Hector et lui dit :

— Nom d'une bonbonne*, viens me voir, je suis en très mauvais état !

Le docteur Hector arrive, il l'ausculte* et il dit :

— César, tu as la grippe de Madagascar. Huit jours de lit, mon petit.

Une semainc après, César est guéri. Il se lève et… splatch… il se prend le pied dans les franges du tapis.

Hector vient bander sa cheville foulée et lui dit de rester allongé une semaine. Quand César peut enfin se remettre à marcher, il gémit de fureur* parce qu'il avance très lentement. Il voit le chien Tire-Bouchon qui traîne sa chemise du dimanche.

— Arrête, Tire-Bouchon, espèce de voyou !

Et César a crié, tellement crié qu'il lui vient dans la tête une migraine* abominable. Le voilà qui se couche de nouveau en disant :

— Je reste au lit. J'en ai assez. Je suis malade pour la vie. Nom d'un tirlititi, je ne sortirai plus d'ici.

Anne-Marie Chapouton, *Les malheurs de César*,

?

1. César a des malheurs. Lesquels ?
2. Qui César appelle-t-il pour l'aider les deux premières fois ?
3. Que lui conseille le médecin ?
4. À la fin du texte, qu'est-ce que César décide de faire ? Pourquoi ?

J'apprends à raconter une histoire

Je fais attention à l'ordre de l'histoire

J'observe

Voici le résumé d'un des malheurs qui arrivent à César. Lis-le.

a) César se prend le pied dans les franges du tapis et il tombe.
b) Hector, le médecin, vient bander la cheville de César.
c) César doit rester allongé une semaine.

1. Avec tes camarades, lis à voix haute ce résumé en changeant l'ordre des phrases : par exemple b - a - c ou c - a - b, etc.

2. Pouvez-vous encore comprendre l'histoire quand elle est en désordre ?

Quand tu racontes une histoire, tu dois faire attention à l'ordre de tes phrases : pour que ton histoire ait du sens, tu dois raconter d'abord le début, puis le milieu et la fin de l'histoire.

Je m'exerce

a) Voici une histoire dans le désordre. Lis cette histoire.

1. Le vieux crocodile l'attrape dans sa grande gueule.
2. Le petit chacal se rend chaque jour au bord du fleuve pour ramasser des crabes.
3. Il met sa patte dans l'eau sans bien regarder.

D'après « Le petit chacal et le vieux crocodile », *Histoires pour tous les jours*, © Nathan.

À l'aide des images, remets les phrases de l'histoire dans l'ordre.

b) Remets les phrases de cette histoire dans l'ordre (le début, le milieu, la fin), puis recopie-les sur ton cahier.

1. Son pied s'enfonce dans un trou caché par des feuilles.
2. Une pauvre paysanne ramasse du bois dans la forêt.
3. Elle découvre des pièces d'or au fond du trou.

Je relis, je réécris

Relis la petite histoire de Yann et Sarah que tu as écrite (voir p. 35).

1 Vérifie que tes phrases sont dans le bon ordre, pour qu'on comprenne ton histoire.

2 Entraîne-toi à dire ton texte à voix haute avant de le lire en classe à tes camarades.

Tu peux te reporter :

Des phrases, un texte
p. 140-141.

Récréation

Le grenier

Il est noir, l'escalier,
l'escalier qui monte au grenier,
au grenier où le plancher craque.
C'est un endroit que l'on aime beaucoup.
La nuit s'y attarde ; on y trouve de tout :
vieux livres, souvenirs, chapeaux
à claque,
et des rats sortant de leurs trous.
On a peur ; il fait noir, le plancher
craque.
C'est bon d'être là sous les tuiles,
seul et tranquille, pour avoir peur et pour penser.

Carlos Larronde, D.R.

Pistes de lecture

Des escargots racontent des histoires...

★Claude Boujon,
Les escargots n'ont pas d'histoires,
L'École des Loisirs.

L'ogre Lucien a retrouvé l'appétit. Il dévore tous les livres qu'il trouve...

★★René Gouichoux,
L'ogre nouveau est arrivé,
Nathan.

Lettres

Biscotte Mulotte

Un matin, la maîtresse a trouvé une lettre sur son bureau.

Chers enfants,

Je m'appelle Biscotte.
Je suis une mulotte et j'habite dans le mur de votre classe.
L'entrée de mon trou est juste sous l'armoire.
Souvent, je vous regarde et je vous écoute pendant la classe.
Et la nuit, quand tout le monde est parti,
je sors et je me promène sur les bureaux.
Mais je ne fais pas de crottes, c'est promis: ça donnerait trop de travail après pour la dame qui nettoie.
Écrivez-moi, et mettez l'enveloppe près de l'armoire.

Bisous moustachus,

Biscotte Mulotte.

Anne-Marie Chapouton, *Les lettres de Biscotte Mulotte*, Castor Poche Cadet, © Flammarion.

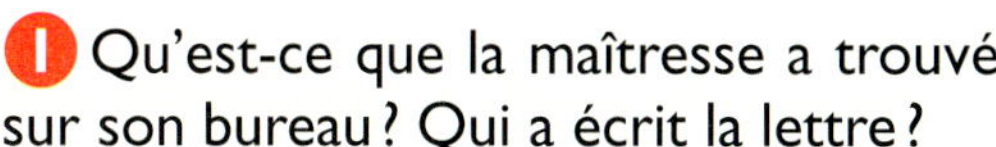

1 Qu'est-ce que la maîtresse a trouvé sur son bureau ? Qui a écrit la lettre ?

2 Qui est Biscotte Mulotte ?
Où habite-t-elle ?

3 Que fait Biscotte Mulotte pendant la classe ? Et pendant la nuit ?

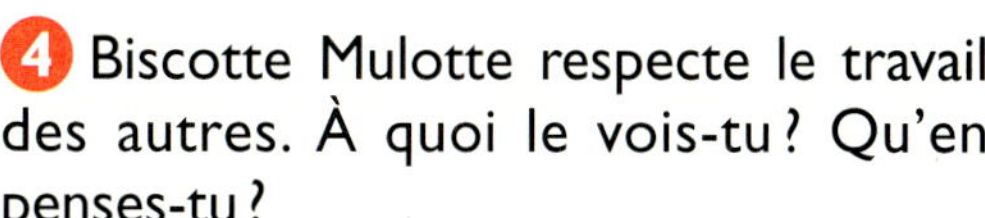

4 Biscotte Mulotte respecte le travail des autres. À quoi le vois-tu ? Qu'en penses-tu ?

5 Par quels mots commence cette lettre ?
Comment se termine-t-elle ?

L'ours de l'escalier (1)

Claire croit qu'un ours habite l'escalier de sa maison. Elle a peur...

Le soir, Claire pensait sans cesse à l'ours de l'escalier. Elle ne l'avait jamais vu mais elle savait bien qu'il voulait l'attraper.

Claire décida d'en parler à ses parents. Sa maman eut une idée :

— Tu devrais lui écrire une lettre pour lui demander de s'en aller.

Claire écrivit la lettre. Le lendemain matin, la lettre avait disparu. Il y en avait une autre à sa place, sous l'escalier.

Chère Claire,
J'ai décidé de suivre ton conseil et je suis parti en vacances. C'est très ennuyeux de rester assis toute la journée au fond d'un placard.
Bisous, L'ours
P.S. : Je reviens lundi.

Lundi après-midi, Claire ne voulait plus quitter l'école. Elle arriva quand même à la maison et trouva un paquet devant la porte du placard. Il contenait un joli cadeau. Il y avait aussi une carte.

Claire montra la carte à son papa.

— Comme c'est gentil ! dit-il. Tu devrais lui écrire pour le remercier.

1 Claire a peur de l'ours. Que lui conseille de faire sa maman ?

2 Pourquoi Claire ne veut-elle pas quitter l'école lundi ?

3 Quelle surprise l'attend à la maison ?

4 Compare cette lettre avec celle de Biscotte Mulotte (p. 39) : par quoi commencent-elles ? comment finissent-elles ?

Pour mieux lire

1 Lis les mots suivants. Attention à la position de la lettre « r ».

un garde	un grade	une corde	une crotte
il est tard	il travaille	une porte	il promet
une farce	il est fragile	une bordure	une brosse
une carte	une cravate	une forme	du fromage

- Cherche d'autres mots pour compléter ces listes.

> - Je ne confonds pas : « gar / gra ; tar / tra ; far / fra... »
> - Je ne confonds pas : « cor / cro ; por / pro ; bor / bro... »

2 Relis ces groupes de mots que tu as déjà vus dans tes textes. Fais attention aux liaisons.

chers enfants	c'est très ennuyeux
elle mit ses habits	nous allons lui préparer du thé
des arbres	je vous écoute
nos invités	vas-y, lui conseille sa maman

J'écris une lettre

Claire veut remercier l'ours pour le cadeau qu'elle a reçu.
Tu vas l'aider à écrire sa lettre.

1 Voici des débuts de lettre. Choisis-en un et recopie-le sur ton cahier.

Cher Ours, *Mon nounours,* *Cher petit Ours,* *Monsieur l'ours,*

2 Claire veut dire à l'ours que le cadeau lui fait plaisir.
Choisis une phrase dans chaque colonne et écris ces phrases sur ton cahier.

Ton cadeau me plaît beaucoup.	*Je vous remercie de tout cœur.*
Je suis un peu déçu(e) par ton cadeau.	*C'est très gentil de ta part.*
Vous m'avez fait une jolie surprise.	*Je te remercie très fort.*

3 Pour terminer la lettre, choisis une fin. N'oublie pas la signature !

Je t'embrasse. *Bisous.* *Merci encore.* *Au revoir, monsieur l'ours.*

L'ours de l'escalier (2)

Claire écrivit sa lettre. Il n'y eut pas de réponse le lendemain… ni le jour suivant. Claire commença à s'inquiéter, alors elle écrivit une autre lettre à l'ours. Le lendemain, elle reçut une réponse.

L'ours lui expliquait qu'il avait un gros rhume.

Claire courut montrer la lettre à sa maman.

— Nous allons lui préparer une bouillotte, des sandwiches et une bonne tasse de thé, dit la maman.

Le lendemain matin, le plateau avait disparu. À sa place, il y avait une lettre, sous l'escalier.

Chère Claire,
Merci pour la bouillotte et le thé.
Je me sens beaucoup mieux.
Voudrais-tu prendre le thé avec moi demain à quatre heures ?
Bisous,
L'ours

Claire passa tout l'après-midi à se préparer. Mais à quatre heures, elle n'était plus tellement sûre de vouloir goûter avec l'ours.

— Vas-y, lui conseilla sa maman. Il va t'attendre…

En effet, il l'attendait.

Joanna Harrison, *L'ours de l'escalier*, coll. Myriades, © Épigones.

1 Pourquoi Claire envoie-t-elle deux lettres à l'ours ?

2 Que font Claire et sa maman lorsqu'elles apprennent que l'ours est malade ?

3 Que propose l'ours à Claire ?

4 À la fin, peux-tu dire si Claire :
a) a toujours très peur de l'ours ?
b) a encore un peu peur de l'ours ?
c) n'a plus peur de l'ours ?

J'écris une lettre

Je fais attention à la présentation

J'observe

■ **Voici deux lettres. Lis-les.**

A.

Cher Julien. Je ne peux pas venir mercredi chez toi. Je dois faire des courses avec Maman. Au revoir. Jean

B.

Chère madame,

Éric est malade et il doit rester au lit. Pourriez-vous donner les devoirs à faire à la maison à Julien qui les apportera ?
Je vous remercie.

Madame Dubois

■ **1. Par quoi commencent ces deux lettres ? Par quoi se terminent-elles ?**

■ **2. Quelles informations trouves-tu dans chaque lettre ?**

■ **3. À ton avis, quelle lettre est la mieux présentée ? Explique pourquoi.**

Pour bien présenter une lettre, tu dois :
1 *écrire un début*
(Cher Théo, Chère Madame...) ;
2 *donner des informations dans un petit texte* (Je suis en vacances...) ;
3 *trouver une fin*
(Au revoir, Je vous embrasse...) ;
4 *signer la lettre tout en bas.*

1
2
3
4

Attention aussi à qui tu écris :
- à un(e) ami(e), tu dis « tu » ;
- à une autre personne, tu dis « vous ».

Je m'exerce

Recopie la lettre A en la présentant correctement.

Je relis, je réécris

Reprends la lettre que tu as écrite (voir p. 41) et compare avec celle d'un(e) camarade.

1 Quelle lettre est la plus facile à lire ? Pourquoi ?

2 As-tu pensé à la signature de Claire à la fin ?

3 Recopie ta lettre en suivant les conseils donnés p. 43.

Tu peux te reporter :
Écrire l'alphabet p. 184.

Récréation

Cher monsieur Plantefol

Émilie croit avoir vu une baleine dans le bassin de son jardin.
Elle a écrit à monsieur Plantefol, son professeur.
Il lui a répondu que les baleines ne vivent que dans l'eau salée.

Cher monsieur Plantefol,
Maintenant je mets du sel dans le bassin tous les jours et la nuit dernière, j'ai vu ma baleine qui souriait. Je crois qu'elle se sent mieux. Croyez-vous qu'elle s'est perdue ?
Je vous embrasse,
Emilie

Chère Émilie,
Je t'en prie, ne mets plus de sel dans le bassin. Je crains que ce ne soit pas une baleine. Les baleines ne se perdent pas, elles savent toujours où elles se trouvent dans les océans.
Bien à toi, Plantefol

Pistes de lecture

Un chien et un chat écrivent à leurs amies, les petites filles.

Histoire de la lettre, Père Castor, Flammarion.

Qu'est-ce que le père Noël peut bien écrire à sa famille et à ses amis ?

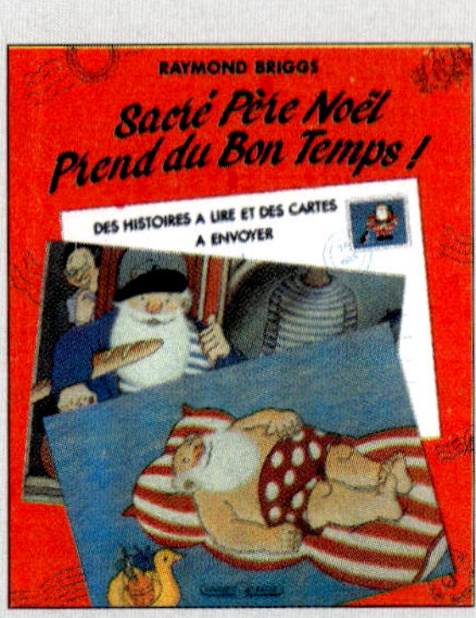

Raymond Briggs, *Sacré père Noël prend du bon temps !,* Grasset Jeunesse.

6 Rêves et mensonges

Les menteurs

— J'ai vu dans le soleil
Trois petits escargots
Qui suçaient des groseilles,
Assis sur un fagot*.

— Moi, j'ai vu dans la lune
Six petites fourmis
Se rouler dans les dunes
Avec un masque gris.

— Moi, j'ai vu dans le ciel
Neuf petites saucisses
Qui cuisaient dans du miel
Un paquet d'écrevisses*.

— Et moi, dans les étoiles,
J'ai vu un rat moqueur
Qui mettait à la voile
Pour vous crier : Menteurs !

Maurice Carême, extrait de *La cage aux grillons*,

1 Ferme les yeux et écoute ce poème. Quelles remarques peux-tu faire ?

2 Donne le titre et l'auteur du poème.

3 Combien y a-t-il de strophes ?

4 De quoi parle chaque strophe ?

5 Peux-tu maintenant expliquer le titre ?

6 Choisis une strophe qui te plaît et entraîne-toi à la dire à voix haute.

Les mensonges

Oh, j'ai vu, j'ai vu
Compèr' qu'as-tu vu ?
J'ai vu une vache
Qui dansait sur la glace
À la Saint-Jean d'été
Compèr' vous mentez.

Ah, j'ai vu, j'ai vu
Compèr' qu'as-tu vu ?
J'ai vu une grenouille
Qui faisait la patrouille
Le sabre au côté
Compèr' vous mentez.

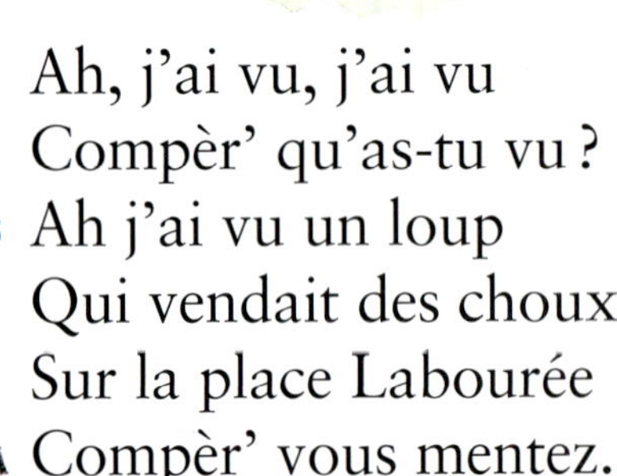

Ah, j'ai vu, j'ai vu
Compèr' qu'as-tu vu ?
Ah j'ai vu un loup
Qui vendait des choux
Sur la place Labourée
Compèr' vous mentez.

Ah, j'ai vu, j'ai vu
Compèr qu'as-tu vu ?
J'ai vu une anguille
Qui coiffait une fille
Pour s'aller marier
Compèr' vous mentez.

Claude Roy, *La poésie populaire*, © Seghers.

1 Compte le nombre de strophes. Combien de personnes parlent dans chaque strophe ?

2 Lis ce que dit la première personne. Quels mots répète-t-elle à chaque fois ?

3 Maintenant, lis ce que dit la seconde personne. Que remarques-tu ?

4 Quels sons se répètent à la fin des lignes ?

5 Cette histoire te paraît-elle vraie ? Le titre du poème est-il bien choisi ?

6 Choisis une strophe et entraîne-toi à la dire avec un(e) camarade.

Pour mieux lire

1 Lis les mots suivants.

la bouteille	de la dentelle	il se mouille	une moule
je me réveille	une nouvelle	il fouille	la foule
une corbeille	une poubelle	un travail	un cheval
des groseilles	de la vaisselle	un portail	un hôpital

Je ne confonds pas : « eille / elle ; ouille / oule ; ail / al ».

2 Entraîne-toi à lire ces mots.

une coquille - un coquillage
il se maquille - du maquillage
un outil - de l'outillage
une ville - un village

J'écris un poème

Relis le poème « Les mensonges », p. 46.
Tu vas inventer une strophe que l'on pourrait ajouter à ce poème.

1 Choisis un animal et cherche ce qu'il pourrait faire d'amusant.
Essaie de trouver des sons qui se répètent à la fin des mots.
Tu peux t'inspirer des exemples suivants :

	qui dansait sur un tapis
une fourmi	qui parlait avec un ami
une poule	qui roulait en moto
un lionceau	qui jouait au loto
un moustique	qui jouait de la musique
	qui mangeait des moules

2 Complète oralement la strophe avec les mots que tu as choisis, puis écris-la.
Tu peux aussi inventer une strophe avec tes propres mots.

Ah, j'ai vu, j'ai vu
Compèr' qu'as-tu vu ?
J'ai vu ....
Qui ....
....
Compèr' vous mentez.

Chez moi

Chez moi, dit la petite fille,
On élève un éléphant.
Le dimanche son œil brille
Quand Papa le peint en blanc.

Chez moi, dit le petit garçon,
On élève une tortue.
Elle chante des chansons
En latin et en laitue. [...]

René de Obaldia, *Innocentines*,
© Éd. Grasset.

En rêve

En rêve j'ai trouvé
– Le joli, joli rêve ! –
en rêve j'ai trouvé
la clochette enchantée
qui dit la vérité.

En rêve j'ai trouvé
– Était-ce bien un rêve ? –
en rêve j'ai trouvé
les miettes semées
par le Petit Poucet !

En rêve j'ai trouvé
– L'étrange, étrange rêve ! –
en rêve j'ai trouvé
la citrouille si grosse
qui se change en carosse !

Dans mon plus joli rêve,
au pied d'un blanc perron*,
j'ai trouvé, Cendrillon,
ta pantoufle de vair...

Madeleine Ley, *Petites voix*,
© Éd. Stock.

« Chez moi »

❶ Relis ce que dit la petite fille. À ton avis, est-ce possible ?

❷ Pourquoi le petit garçon invente-t-il aussi une histoire ?

« En rêve »

❸ De quels contes célèbres parle-t-on dans ce poème ? Les connais-tu ?

❹ Explique le titre choisi par Madeleine Ley pour son poème.

J'écris un poème

J'écris des vers

J'observe

Relis la première strophe de « Chez moi ».

Chez moi, dit la petite fille,
On élève un éléphant.
Le dimanche son œil brille
Quand Papa le peint en blanc.

1. Combien y a-t-il de phrases ? Sur combien de lignes sont-elles écrites ?

2. Que remarques-tu au début de chaque ligne ? Et à la fin de chaque ligne ?

Dans un poème, chaque ligne s'appelle un vers. On écrit les vers les uns en dessous des autres.
Un vers commence en général par une majuscule et se termine souvent par un son qui se répète.

Je m'exerce

Recopie cet extrait en écrivant correctement les vers. (Tu peux t'aider des sons en gras à la fin des mots.) N'oublie pas les majuscules !

Charl**otte** fait de la comp**ote**.
Bert**rand** suce des har**engs**.
Cunég**onde** se teint en bl**onde**.
Épaminon**dasse** cire ses go**dasses**.

R. de Obaldia, « Dimanche », *Innocentines*, © Éd. Grasset.

Je respecte les rimes

J'observe

Relis la première strophe du poème « Les Menteurs », p. 45.

1. Par quels mots se termine le premier vers ? et le troisième vers ? Que remarques-tu quand tu prononces ces mots ?

2. Observe de même les vers 2 et 4. Par quel son se terminent-ils ?

Dans un poème, les sons qui se répètent à la fin des vers s'appellent des « rimes ».
Quand tu écris un poème, tu peux choisir de faire des rimes pour donner un rythme à tes vers.

Je m'exerce

Il manque des vers dans ce poème. Recopie-le en complétant avec les bons vers. Fais attention aux rimes.

Trois microbes, sur mon lit,
……
L'un s'appelle Scarlatine
……
L'autre s'appelle Rougeole
……
Et le troisième, Oreillons,
……

J.-L. Vanham, « Trois microbes », D.R.

Vers à compléter :

Et prend souvent la parole.
Se consultent, bien assis.
Il parle d'une voix fine.
Ressemble à un champignon.

Je relis, je réécris

Reprends la strophe que tu as écrite (voir p. 47) sur le modèle du poème de Claude Roy.

1 Lis ton texte à voix haute en prenant une voix différente pour chaque personnage.
Est-ce qu'on entend bien les rimes de ton poème ?

2 Vérifie que tu as disposé tes vers les uns en dessous des autres et que chaque vers commence par une majuscule.

Tu peux te reporter :

J'entends, je vois p. 125.

Récréation

La fourmi

Une fourmi de dix-huit mètres
Avec un chapeau sur la tête,
ça n'existe pas, ça n'existe pas.

Une fourmi traînant un char
Plein de pingouins et de canards,
ça n'existe pas, ça n'existe pas.

Une fourmi parlant français,
Parlant latin et javanais,
ça n'existe pas, ça n'existe pas.

Eh ! Pourquoi pas ?

Robert Desnos, *Chantefleurs et Chantefables*, *Contes et Poèmes de toujours*, © Librairie Gründ, Paris.

Pistes de lecture

Un poème plein de couleurs pour sortir gaiement de l'école et faire revenir le printemps.

Jacques Prévert, ***« En sortant de l'école »***, Folio Benjamin, Gallimard.

Des poèmes amusants avec des animaux, des nains et d'autres personnages...

Jean Tardieu, ***Je m'amuse en rimant***, Folio Cadet, Gallimard.

Expression orale

Préciser (1)

Olivier et Sarah travaillent ensemble.

Hé, Olivier, passe-moi ce truc.
Quoi ? Quel truc ?
Le pinceau …
Ah ! le pinceau. Tiens, le voilà !
S'il te plaît, Sarah, passe-moi le livre.
Lequel ?
Le bleu…
Ah, le bleu. Tiens, le voilà !

1 Où sont Olivier et Sarah ?

2 Dans la vignette 1, que demande Sarah à Olivier ? Pourquoi Olivier ne comprend-il pas ?

3 Dans la vignette 3, Olivier demande un objet précis à Sarah. Lequel ?

4 Pourquoi Sarah ne comprend-elle pas ?

Souvent, quand on parle, on utilise des mots comme « ***un truc, un machin…*** » pour parler d'un objet quelconque. Quels autres mots emploies-tu parfois ?

- **Jouez la scène à deux :** tu es Sarah et ton(ta) camarade est Olivier (ou inversement).
- **Inventez un autre dialogue** sur le même modèle. Commencez par rassembler des objets que vous utilisez en classe, par exemple des feutres, des livres, des cahiers. Vous pouvez transformer les paroles d'Olivier et Sarah en remplaçant *truc* par *machin*, *bidule*…

Ensuite, précisez bien l'objet que vous demandez en indiquant sa couleur, sa forme, sa taille…

Expression orale

Décrire (2)

1 Qu'est-ce que je vois ?
- D'après toi, que représente cette photo ?
- Combien vois-tu de raquettes de tennis ?
- Combien vois-tu de joueurs ?
- Combien vois-tu de balles ?

2 Qu'est-ce que j'en dis ?
- En réalité, il y a un seul joueur, une seule raquette et une seule balle.
Alors, à ton avis, comment le photographe a-t-il fait pour prendre cette photographie ?

- Décris cette photo en complétant les phrases:
C'est une photographie qui montre ....
Pour faire cette photo, le photographe a ....

3 Qu'est-ce que j'en pense ?
- Pourquoi le photographe a-t-il pris cette photo ?
- Parmi les mots suivants, quels sont ceux que tu utiliserais pour l'expliquer ?
Le photographe a voulu montrer le mouvement, la rapidité, la force, l'adresse du joueur de tennis...

- **Par groupes de deux**, cherchez des photos surprenantes qui montrent par exemple le mouvement, ou au contraire l'immobilité, l'équilibre.

Chaque groupe présente sa photo à la classe ou la décrit. Choisissez ensuite l'équipe qui a trouvé la meilleure photo et qui a fait une description précise.

Bilan 1

Voici quelques questions pour faire le bilan de ce que tu as appris dans les unités 1 à 6. Cherche d'abord les réponses dans ta tête. Tu peux ensuite aller regarder dans ce livre, dans ton cahier...

Je fais le point sur ce que j'ai lu

1 Je lis mieux

Trouve l'intrus dans chaque liste.

- v**er**nis - hiv**er** - hurl**er** - anniv**er**saire.
- **t**ravail - for**t** - déguisemen**t** - cha**t**.
- dégui**s**er - maga**s**in - pi**s**tache - ti**s**ane.
- **cor**de - **cro**codile - **cor**net - **cor**beau.
- ab**eille** - or**eille** - fic**elle** - corb**eille**.

Relie les bons mots entre eux.

un pétale •	• de réglisse
une tasse •	• de fleur
une coquille •	• de thé
un rouleau •	• de noix

2 Mes lectures de la rentrée à Noël

Retrouve le titre des textes dans lesquels tu as lu une liste.

Tisane de douceur pour parents énervés - C'est génial ! - Pour fabriquer une tortue - Les menteurs.

Retrouve le titre des textes dans lesquels tu as lu une lettre.

La ronde des jours - Le jour de Charlotte - Biscotte Mulotte - L'ours de l'escalier - En rêve.

Parmi ces animaux, un seul n'était pas dans tes textes. Lequel ?

une baleine - une souris - un écureuil - un cheval - un éléphant - un ours.

3 Vrai ou faux ?

	VRAI	FAUX
1 Le personnage qui a invité ses amis à manger des crêpes s'appelle Claire.		
2 Le magasin de parapluies est fermé le lundi.		
3 Zibulka est une petite sorcière.		
4 Sarah aide Yann, qui a peur des dragons.		
5 Biscotte Mulotte aimerait bien recevoir du courrier.		
6 Dans le poème de Claude Roy *Les mensonges*, chaque strophe parle d'un animal différent.		

Réponses : 1F ; 2V ; 3F ; 4V ; 5V ; 6V.

Si tu as plus de 15 bonnes réponses → Bravo ! Tu es un lecteur attentif.
Si tu as entre 10 et 15 bonnes réponses → C'est bien.
Si tu as moins de 10 bonnes réponses → C'est moyen. As-tu répondu trop vite ? As-tu bien lu ou relu tes textes ?

Bilan 1

Je fais le point sur ce que j'ai écrit

4 Ce que je sais faire

1 Remets dans l'ordre ce que tu dois faire pour recopier un mot sans fautes :

a. Écrire le mot sans regarder le modèle.
b. Vérifier que tu ne t'es pas trompé(e).
c. Bien regarder le mot.
d. Fermer les yeux et retrouver le mot dans ta tête.

2 Choisis les bons mots :

a. Quand on écrit (une lettre / une invitation), le texte doit être court.
b. Quand on écrit (un texte / un poème), on va à la ligne quand on arrive au bord de la page.
c. Dans (une invitation / un poème), chaque ligne s'appelle un vers.
d. Pour raconter tes vacances à ta grand-mère, tu écris (une lettre / une invitation).

Réponses : 1) c, d, a, b ; 2) a : une invitation ; b : un texte ; c : un poème ; d : une lettre.

5 Ce que j'ai compris et appris

Complète avec les bons mots.

1 Une phrase commence toujours par une .... Elle se termine par un ....

2 Pour corriger un brouillon, il faut ...... proprement les mots qui ne conviennent pas, puis écrire juste ...... ce qu'on veut mettre à la place.

3 Quand on écrit une liste, on met souvent un ...... au début de chaque ligne.

4 Dans une histoire, il y a un ......, un milieu et une ....

5 Dans un poème, les sons qui se répètent à la fin des ...... s'appellent des ....

Réponses : 1 : majuscule, point ; 2 : barrer, au-dessus ; 3 : tiret ; 4 : début, fin ; 5 : vers, rimes.

Si tu as plus de 13 bonnes réponses	→ Bravo ! Tout ce que tu sais faire te sera utile pour bien écrire.
Si tu as entre 8 et 13 bonnes réponses	→ C'est bien. Pour améliorer ton score, relis les conseils de ton livre.
Si tu as moins de 8 bonnes réponses	→ C'est moyen. As-tu bien réfléchi avant de répondre ? Retourne chercher les bonnes réponses dans ton livre.

6 Le texte que j'ai écrit et que je préfère

Recopie le texte que tu as écrit et que tu préfères.

Mais avant, réfléchis à ces trois choses :

a) Pour qui le recopies-tu ? → Est-ce que tu veux l'afficher ? l'offrir ?...
b) Avec quoi et sur quoi vas-tu le recopier ? → Choisis un joli papier et des stylos.
c) Comment vas-tu le recopier ? → Au milieu de ta feuille ou sur un côté, pour l'illustrer ? D'une ou de plusieurs couleurs ? En écrivant gros ou petit ?

Quand tu l'auras recopié, tu peux illustrer ton texte par un dessin, une peinture ou un collage.

Voilà le premier trimestre terminé.
Après les vacances de Noël, tu repars pour de nouvelles aventures. Jusqu'à Pâques, tu vas lire et découvrir d'autres récits et des documents sur le monde qui t'entoure… Par exemple, des histoires de sorcières ou des documents sur les animaux.

- Prépare-toi aussi à écrire des histoires, à faire parler tes personnages…

En route pour L'Île aux mots !

Période 3

	7 S'informer	8 Désirs et souhaits	9 Sacrées sorcières !
Je lis	L'éléphant p. 57 Des cultures et leurs utilisations p. 58	Jules et son chapeau magique (1) p. 63 Jules et son chapeau magique (2) p. 64	La sorcière Camomille à Paris p. 69 L'après-midi de Pandora Vermicelle p. 70
Je m'entraîne pour mieux lire	Je lis « cl » et « ch » Je lis des mots de la même famille p. 59	Je lis « an » et « am » Je fais les liaisons p. 65	Je lis « ien » et « ein » Je lis « ion » et « oin » p. 71
J'écris	J'écris une légende pour expliquer p. 59	J'écris un passage d'une histoire p. 65	J'écris une histoire p. 71
Je lis	La pollution des océans p. 60	Jules et son chapeau magique (3) p. 66	Le balai des sorcières p. 72
Je m'entraîne pour mieux écrire	J'écris une légende p. 61	Je présente et je corrige un texte (2) p. 67	J'apprends à organiser un récit p. 73
Récréation	Pa'Tatiana p. 62	À chacun son chapeau p. 68	Pour devenir une sorcière p. 74
Expression orale	Préciser (2) – Décrire (3) pp. 75-76		

Période 4

	10 Expérimenter	11 Qui parle ?	12 Qui dit quoi ?
Je lis	Pourquoi dit-on que le Soleil se lève ? p. 77 Le temps qui passe p. 78	Niouc p. 83 Le secret de la maison p. 84	C'est moi le roi ! p. 89 Le cow-boy malhonnête p. 90
Je m'entraîne pour mieux lire	Je lis « on » Je lis des mots de la même famille p. 79	Je lis « in » et « im » p. 85	Je lis des mots difficiles Je lis des mots avec un trait d'union p. 91
J'écris	J'écris, je décris une expérience p. 79	J'écris ce que dit un personnage p. 85	J'écris un dialogue p. 91
Je lis	Quelques secrets sur le Soleil p. 80	C'est l'plombier ! p. 86	Les extraterrestres p. 92
Je m'entraîne pour mieux écrire	J'écris des consignes p. 81	Je fais parler mes personnages p. 87	J'écris un dialogue p. 93
Récréation	Pour faire le portrait d'un oiseau p. 82	Le téléphone p. 88	Quartier libre p. 94
Expression orale	Raconter – Donner son avis (1) pp. 95-96		
Bilan (2)	Je fais le point sur ce que j'ai lu – Je fais le point sur ce que j'ai écrit pp. 97-98		

S'informer

L'éléphant

Les éléphants habitent en Afrique et en Asie. Ils vivent en grands troupeaux composés de plusieurs familles.

• **L'éléphant est végétarien :** chaque jour, il avale 200 kilos d'herbe, de fruits, de racines qu'il arrache avec sa trompe. Il possède quatre dents qui lui servent à mâcher la nourriture.

• **L'éléphant ne s'éloigne jamais d'un point d'eau** pour pouvoir boire et se baigner. Il boit jusqu'à 80 litres d'eau par jour. Pendant la saison sèche, il cherche l'eau sous le sable en creusant avec ses pieds, ses défenses et sa trompe.

D'après Pierre Pfeffer, *Grand, fort et sage, l'éléphant*, coll. Découverte Benjamin, © Éd. Gallimard.

?

1 Où habitent les éléphants ? De quoi se nourrissent-ils ?

2 Comment s'appelle un animal qui ne mange que des végétaux ?

3 Pourquoi l'éléphant ne s'éloigne-t-il jamais d'un point d'eau ?

4 Comment l'éléphant fait-il pour boire pendant la saison sèche ?

5 Que sais-tu sur l'éléphant maintenant ? Redis-le à voix haute.

6 Observe la présentation de ce texte. Quelles remarques peux-tu faire ?

Des cultures et leurs utilisations

• Pour pousser, **le maïs** a besoin de soleil et d'eau. Les grains servent à nourrir les hommes et des animaux, comme les porcs et la volaille. Les tiges, elles, sont utilisées comme fourrage* pour les animaux.

• Quand les grosses fleurs jaunes de **tournesol** sont fanées et les graines mûres, on les récolte pour fabriquer de l'huile.

• **L'avoine** est une céréale. Elle sert de nourriture pour les chevaux et la volaille, ainsi que pour les hommes, qui la consomment par exemple avec du lait au petit déjeuner.

• Les agriculteurs cultivent aussi **le colza** dont les graines donnent de l'huile, et **la luzerne** qui sert de fourrage.

F. Lanzmann et N. Hibert, *La ferme*,

1 Lis le titre du document.
À ton avis, de quoi va parler le texte ?

2 À quoi servent les grains de maïs ? Que fait-on avec les graines de tournesol et de colza ?

3 Quelles plantes peuvent nourrir à la fois les hommes et les animaux ?

4 Ce texte est un texte documentaire.
a) À quoi sert le titre ?
b) Où trouves-tu les explications ?
c) À quoi servent les illustrations ?

5 Compare ce texte avec le texte *L'éléphant*, p. 57. Avec tes camarades, dites ce qu'on trouve dans un texte documentaire.

Pour mieux lire

1 Lis les mots suivants.

une classe — la chasse — un clou — un chou
une boucle — une bouche — Claude — l'eau chaude
une claque — chaque — un miracle — une marche

Je ne confonds pas « ch » avec « cl » : *la chasse, une classe.*

2 Entraîne-toi à lire les mots suivants.

il élève - un éleveur
il cherche - un chercheur

elle chante - une chanteuse
elle nage - une nageuse

il cultive - un cultivateur
il informe - un informateur

elle calcule - une calculatrice
elle présente - une présentatrice

J'écris une légende pour expliquer

1 Choisis la légende qui correspond le mieux à chaque dessin, puis recopie-la.

1

2

A. On récolte le blé en été
en utilisant de grosses machines.
B. Le blé pousse
dans de grands champs.
C. La farine sert à faire du pain.
D. Avec les grains de blé,
on fabrique de la farine.
On peut aussi faire
des pâtes et de la semoule.

2 Maintenant, c'est à toi d'écrire une légende de 3 ou 4 lignes pour donner des informations précises sur la vache. Tu peux chercher des renseignements dans une encylopédie ou dans un livre sur les animaux.

La pollution des océans

Les océans couvrent une très grande partie de la surface de la Terre. Ils abritent beaucoup d'espèces de poissons et de mammifères. Ils nous apportent aussi de la nourriture et des ressources précieuses comme le pétrole. Pourtant, les hommes polluent les océans avec des eaux usées, du pétrole et des déchets d'usines.*

• Les déchets d'usine

Dans les usines, on se débarrasse parfois des déchets en les mettant dans des fûts qui sont ensuite jetés à la mer. Mais lorsque ces fûts sont percés, les déchets peuvent se répandre dans l'eau. Ils tuent alors des milliers de poissons et de mammifères, comme les dauphins.

• Les marées noires

Quand du pétrole se répand dans la mer, cela cause une marée noire qui pollue les côtes. Les oiseaux et les animaux vivant sur ces côtes sont aussi touchés. Le pétrole englue* leur fourrure ou leurs plumes, ce qui les empêche de nager ou de voler, et peut les empoisonner lorsqu'ils essaient de se nettoyer.

D'après T. Hare et C. Leplae-Couwez, *Les habitats en voie de disparition*, coll. Le monde qui nous entoure, © Éd. Gamma.

1. Lis le titre du document. Quelles informations apporte-t-il ?
2. Dis tout ce qui pollue les océans. Qui est responsable de cette pollution ?
3. Que se passe-t-il à cause de la pollution dans les mers et les océans ?
4. Ce texte est-il un texte documentaire ? Explique pourquoi.

J'écris une légende

Je donne des informations courtes et précises

J'observe

La migration des hirondelles

À l'automne, les hirondelles s'envolent vers les pays chauds d'Afrique. Elles y passent tout l'hiver.

Au printemps, les hirondelles reviennent dans les pays d'Europe où elles font leur nid.

1. À quoi servent les phrases sous les illustrations ?

2. Pourrait-on comprendre ce document sans ces phrases ?

3. Relève tous les mots qui parlent des oiseaux. En trouves-tu beaucoup ?

Dans un texte documentaire, on trouve souvent des légendes qui expliquent les photos, les dessins et les schémas. Pour écrire une légende, tu dois écrire un texte court et utiliser des mots précis.

Je m'exerce

Écris une légende pour cette photo en utilisant les mots suivants :
carnivores - savane africaine - groupes - mâles - femelles.

Tu peux t'aider d'un dictionnaire.

Je relis, je réécris

Reprends ta légende sur la vache (voir p. 59) et relis-la.

1 Est-ce que ta légende explique bien ce que l'on voit sur la photo ?

2 As-tu apporté des informations précises ? Entoure-les au crayon.

3 Que pourrais-tu faire pour améliorer ta légende ?
(Tu peux t'aider des modèles que tu as lus dans cette unité.)

Tu peux te reporter :

Je regarde dans le dictionnaire p. 170.

Des mots difficiles p. 172.

Récréation

Bonjour !
Je m'appelle Pa'Tatiana,
je suis une pomme de terre
et je viens des hauts plateaux
du Pérou en Amérique du Sud,
où les Incas me cultivaient
sous le nom de « papa ».
Aujourd'hui, on me trouve
vraiment partout et on me mange
tout au long de l'année.

Agathe Hennig, *Pa'Tatiana*,
coll. Le petit maraîcher,
© Gallimard Jeunesse.

Pistes de lecture

Si tu veux en savoir plus sur les éléphants : comment ils jouent, mangent et travaillent…

L'éléphant, Mes premières découvertes, Gallimard.

Une histoire pour découvrir la vie d'une poule.

K. Wallace, A. Jeram, *Ma poule, mes poussins*, L'École des Loisirs.

8 Désirs et souhaits

Jules et son chapeau magique (1)

Jules est un drôle de bonhomme, tout grand, tout maigre et tout moustachu. Il habite une petite chambre, là-haut, sous les toits, avec Théodule, son ami le chat.

Un jour, il trouva sur sa table un chapeau fleuri ! « Qu'est-ce que c'est que ça ? dit-il, et il ajouta : Personne n'a pu oublier ce chapeau chez moi, il est donc venu tout seul... C'est sûrement un chapeau magique ! »

Alors Jules mit le chapeau sur sa tête, il le tourna trois fois dans un sens, trois fois dans l'autre et il ferma les yeux en murmurant : « J'aimerais bien avoir un pommier dans ma chambre. » Quand Jules ouvrit les yeux, le pommier était dans sa chambre.

« C'est merveilleux ! » dit Jules.

« C'est merveilleux ! » pensa Théodule.

L'après-midi, Tante Caroline vint voir Jules. « Qu'est-ce que c'est que ce pommier ? » s'écria-t-elle. Jules essaya de lui expliquer.

« Mais tu es complètement fou, dit Tante Caroline. Avec ce chapeau magique tu aurais pu avoir un sac plein d'argent !

— J'y penserai, répondit Jules, j'y penserai ! » Alors Tante Caroline s'en alla.

à suivre

1 Où habite Jules ? Qui est Théodule ?

2 Jules pense que le chapeau est magique. Pourquoi ?

3 Que demande Jules au chapeau magique ? Si Tante Caroline avait eu le chapeau, qu'aurait-elle demandé ?

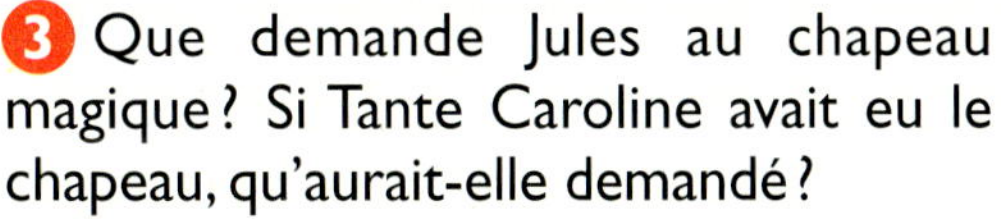

4 À ton avis, l'histoire est-elle terminée ?

Jules et son chapeau magique (2)

Le lendemain, Jules, qui avait mangé trop de pommes, n'avait pas la force de se lever. Il mit le chapeau magique sur sa tête, il le tourna trois fois dans un sens, trois fois dans l'autre, il ferma les yeux et il souhaita un panier pour envoyer Théodule faire les courses.
Le panier apparut aussitôt, avec un porte-monnaie dedans. Jules y ajouta la liste des commissions : une boîte de biscottes, un pot de confiture, un paquet de tisane.
Et Théodule s'en alla… en passant par les toits.

Dans l'après-midi, l'épicier vint voir Jules pour prendre de ses nouvelles. Et Jules raconta l'histoire du chapeau magique, du pommier, du panier à provisions.

« Vous êtes complètement fou, dit l'épicier. Vous auriez pu demander une maison de campagne, avec une piscine !

— J'y penserai, répondit Jules, j'y penserai ! »

Alors l'épicier s'en alla.

Le lendemain, Jules était guéri. Et comme il avait envie de se promener, il souhaita recevoir un parapluie, pour s'envoler au-dessus de la ville. Il mit le chapeau magique. Il le tourna trois fois dans un sens, trois dans l'autre. Il ferma les yeux… et quand il les ouvrit, un grand parapluie était devant lui.
Il le prit, il l'ouvrit, et il s'envola… au-dessus des toits ! […]

à suivre

1 Pourquoi Jules envoie-t-il Théodule faire les courses ?

2 Comment l'épicier sait-il que Jules est malade ?

3 Cherche ce que fait exactement Jules avant chaque vœu.

4 Combien de parties vois-tu dans ce texte ?

Pour mieux lire

1 Relis ces mots que tu as rencontrés dans l'histoire de *Jules et son chapeau magique*.

grand - la tante - une tisane - la chambre -
le panier - murmurant - demander - un ami

a) Quelles lettres vois-tu dans ces mots ?

b) Est-ce que ces groupes de lettres se prononcent tous de la même façon ?

c) Classe ces mots et explique ton classement.

Quand je vois « **an** » ou « **am** » :
- j'entends [ɑ̃] comme dans *grand*, *la chambre* ;
- je n'entends pas [ɑ̃] dans *une tisane*, *un manège*, *un ami*.

2 Relis ce passage de ton histoire. Fais attention aux liaisons.

« Vous êtes complètement fou, dit l'épicier. Vous auriez pu demander une maison de campagne, avec une piscine et de beaux arbres !

— J'y penserai, répondit Jules, j'y penserai ! »

Alors l'épicier s'en alla.

J'écris un passage d'une histoire

1 Avec tes camarades, retrouvez les trois vœux de Jules dans les textes p. 63 et 64. Relisez attentivement ce que fait Jules pour que chaque vœu se réalise.

2 Si tu avais ce chapeau magique, quels vœux aimerais-tu faire ?

3 Choisis un vœu et complète ce paragraphe. Tu pourras l'ajouter à l'histoire de Jules.

Et comme il avait envie de ......,
il souhaita ...... pour ....
Il mit le chapeau magique ....
Il le ...... trois fois ......, trois fois ....
Il ...... et quand il les rouvrit, ...
Alors, il ....

Jules et son chapeau magique (3)

Le jour suivant, Jules eut envie d'avoir une flûte et de savoir en jouer, il mit le chapeau magique, il le tourna trois fois dans un sens, trois dans l'autre et il ferma les yeux. Quand il les ouvrit, il était en train de jouer *Au clair de la lune* sur sa flûte, comme un vrai musicien !

Mais, dans l'après-midi, Tante Caroline revint chez Jules avec deux amies, pour leur montrer le fameux pommier !

« Et ce n'est pas tout, dit Jules. Regardez mon parapluie, mon panier et ma flûte enchantée !

— Mais vous êtes complètement fou ! s'écrièrent les trois dames en même temps. Vous auriez pu demander une armoire de vêtements et un manteau bien chaud pour l'hiver !

— J'y penserai, répondit Jules. J'y penserai ! »

Alors les trois dames s'en allèrent.

Jules en avait assez ! Tous ces gens l'agaçaient. Alors, pour que personne ne puisse monter chez lui, il mit le chapeau magique et il demanda que l'escalier se retourne sur lui-même.

Aussitôt, l'escalier changea de sens et se mit à l'envers.

« Vu d'ici, c'est très joli » pensa Jules, et il rentra chez lui.

Jules s'assit dans son fauteuil, sous son pommier, Théodule sur ses genoux, et il murmura :

« Les gens ne sont jamais contents. Plus ils ont de choses, plus ils en veulent. Moi, j'ai tout ce qu'il me faut. Je n'ai besoin ni d'un château, ni d'un manteau... Je suis heureux comme cela. »

Alors Jules jeta le chapeau magique par la fenêtre.

Il sourit, il s'endormit. Et Théodule aussi !

Annegert Fuschshber, *Jules et son chapeau magique*, texte français de Micheline Bertrand, © Éd. Nathan.

1 Toutes les personnes qui viennent voir Jules lui disent : « Tu es complètement fou ! » Pourquoi ?

2 À la fin de l'histoire, pourquoi Jules jette-t-il son chapeau magique ? Qu'aurais-tu fait à sa place ?

Je présente et je corrige un texte (2)

1 Je reconnais les paragraphes

J'observe

Voici un résumé du texte, p. 63.

Jules est un drôle de bonhomme. Un jour, il trouve un chapeau fleuri. « C'est sûrement un chapeau magique » pense-t-il.

Alors Jules met le chapeau. « J'aimerais bien avoir un pommier » dit-il. Et le pommier apparaît aussitôt.

L'après-midi, Tante Caroline vient voir Jules. « Tu es complètement fou ! dit-elle. Tu aurais pu avoir plein d'argent. »

1. Combien vois-tu de paragraphes ?

2. Comment les reconnais-tu ?

3. Donne un titre à chaque paragraphe :
a) L'apparition du pommier.
b) La visite de Tante Caroline.
c) La découverte du chapeau.

Le plus souvent, tu trouves plusieurs paragraphes dans un texte.
Un paragraphe commence toujours au début d'une ligne, après un espace blanc.
Il apporte une information nouvelle.

Je m'exerce

Retrouve les trois moments importants de ce texte. Puis recopie le texte avec des paragraphes.

Pierre et Luc ont décidé de ne pas aller à l'école ce matin. Ils restent au lit et font semblant d'être malades. Quand Maman arrive, elle leur dit : « Quel dommage, vous ne pourrez pas venir au cirque ce soir. » Alors, Pierre et Luc se regardent. Ils se lèvent et s'écrient : « Ça y est, Maman, on est guéris ! »

2 J'organise mon brouillon

J'observe

Voici le début des brouillons de Mathieu et Léa.

A. Mathieu

Et comme il avait envie de regarder un dessin animé, il souhaita une ~~télé vision~~ télévision avec un magnétoscope. Il mit le ~~chameau~~ chapeau magique sur sa tête.

B. Léa

Et comme il avait envie de partir

se promener dans la ~~forait,~~ forêt

il souhaita un ~~velo~~ vélo. Il mit

le chapeau magique sur sa tête.

Quel brouillon est le plus facile à lire et à corriger ? Explique pourquoi.

Pour bien organiser ton brouillon et corriger plus clairement, pense à sauter des lignes.
Tu pourras ensuite remplacer ou ajouter un mot facilement.

Je m'exerce

Reprends ton brouillon (voir p. 65). Compare-le à celui de Léa. Puis fais la liste de ce que tu dois faire pour le rendre plus clair.

Je relis, je réécris

Relis le petit texte que tu as écrit (voir p. 65) et compare-le avec le texte d'un(e) camarade.

1 As-tu repris exactement ce que doit faire Jules avant chaque vœu ? Tu peux relire un texte de ton unité pour vérifier.

2 Recopie ton texte sous la forme d'un paragraphe. Tu pourras l'ajouter à l'histoire de Jules.

Tu peux te reporter :

Utiliser les pronoms p. 148.

Passé, présent, futur p. 149.

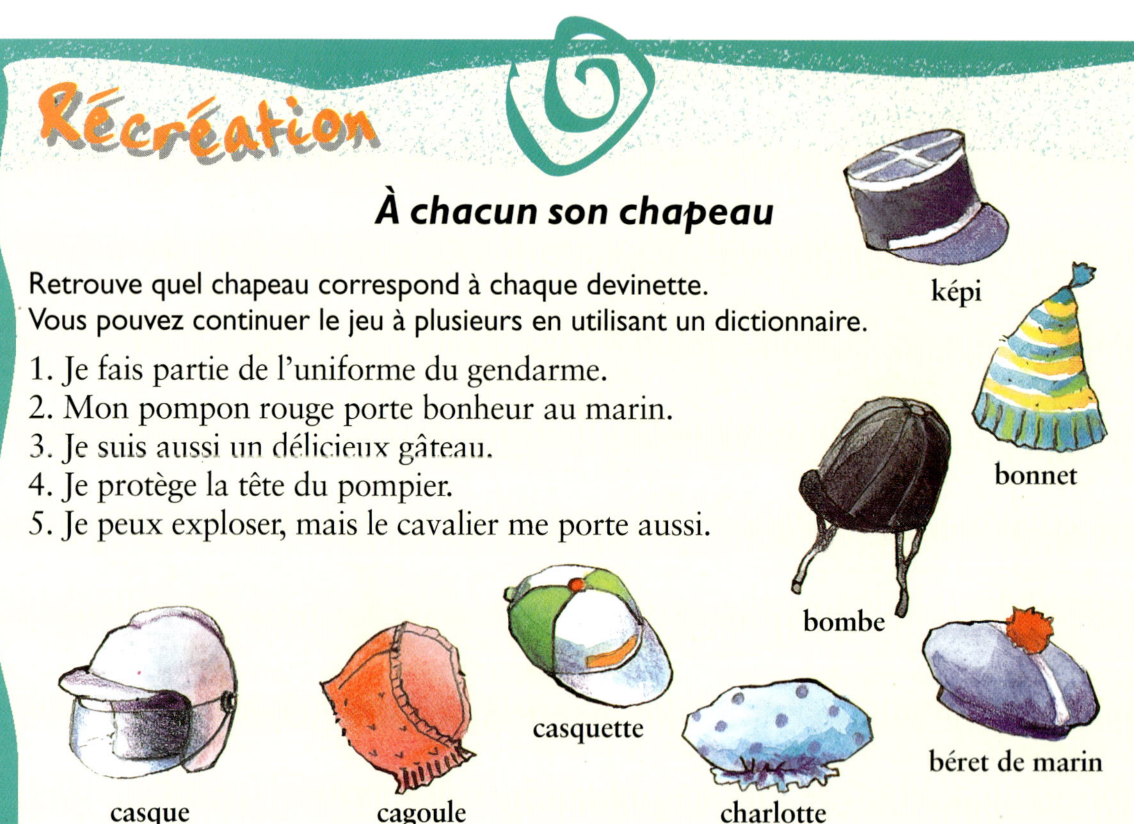

À chacun son chapeau

Retrouve quel chapeau correspond à chaque devinette.
Vous pouvez continuer le jeu à plusieurs en utilisant un dictionnaire.

1. Je fais partie de l'uniforme du gendarme.
2. Mon pompon rouge porte bonheur au marin.
3. Je suis aussi un délicieux gâteau.
4. Je protège la tête du pompier.
5. Je peux exploser, mais le cavalier me porte aussi.

Pistes de lecture

Ces livres te racontent d'autres histoires avec des objets fantastiques...

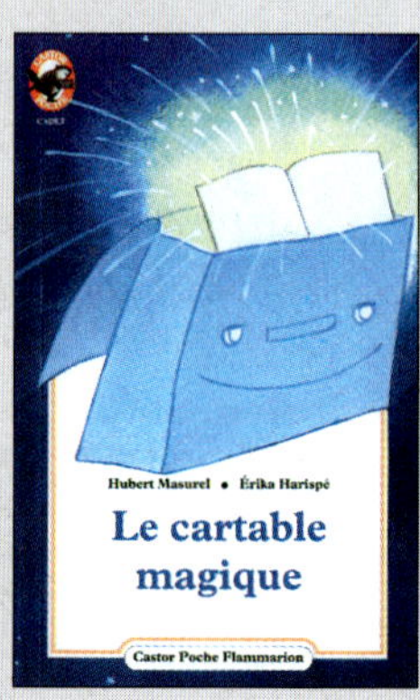

Hubert Masurel, *Le cartable magique,* Castor Poche Cadet, Flammarion.

Michel Piquemal, *Les petites mains,* Épigones.

9 Sacrées sorcières !

La sorcière Camomille à Paris

La sorcière Camomille se rend à un concours de mode, à Paris. Elle est déjà très en retard et, pendant le voyage, son balai lui échappe. Rien ne va plus ! La pauvre sorcière se retrouve projetée dans une salle du musée du Louvre.

Alors les gardiens commencèrent à me chercher, mais je ne voulais surtout pas qu'ils m'arrêtent, car je n'avais pas de temps à perdre en explications.

Pour détourner l'attention de mes poursuivants, je me cachai dans différents recoins du musée : d'abord derrière un tableau [...], ensuite, contre une statue, mais je n'avais apparemment pas choisi la bonne statue, car bientôt tous les visiteurs se mirent à la regarder avec étonnement.

Finalement, pendant que je me reposais sur une banquette après tant de fatigue, les gardiens me découvrirent. M'arrêter, moi ! Pressée comme je l'étais ! Jamais, en aucun cas ! Sans réfléchir, je saisis mon balai et me précipitai vers la fenêtre. Mais le balai tomba complètement en panne. Je fus projetée dans tous les sens et plongeai dans la Seine. Quel désastre !

Après toutes ces péripéties*, arriverais-je encore à temps au concours ? Je commençai à courir à toute allure dans les rues de Paris...

Enric Larreula, Roser Capdevilla, *La sorcière Camomille à Paris*, © Éd. du Sorbier.

1 Où atterrit la sorcière Camomille dans Paris ? Connais-tu cet endroit ?

2 Quelles cachettes la sorcière choisit-elle pour échapper aux gardiens ?

3 Pourquoi Camomille ne veut-elle pas se faire arrêter ?

4 Combien y a-t-il de paragraphes dans ce texte ?

L'après-midi de Pandora Vermicelle

Aujourd'hui il pleut sur Paris. Pandora Vermicelle s'ennuie : « Comment m'occuper ? En transformant un prince en crapaud ? Je l'ai déjà fait plein de fois ! En préparant un potage aux poils d'araignées ? Mais non, je les ai toutes mangées hier ! » Pandora a envie de s'amuser, alors malgré la pluie elle s'envole sur son balai au-dessus de la grande ville.

Tout à coup, il lui vient une idée : « Je vais jouer avec la tour Eiffel ! Voyons, que me faut-il pour préparer ma potion ? Cinq dés à coudre d'eau salée, quatre pincées de poudre jaune d'escargots séchés, trois plumes de pigeon multicolore, deux seaux de bave de chameau et un boulon de la tour Eiffel. »

Aussitôt, Pandora se lance à la recherche de tous ces ingrédients. Le plus difficile, c'est de trouver un chameau à Paris ! Pourtant, quelques minutes plus tard, mademoiselle Vermicelle est penchée sur sa grosse marmite jaune et murmure la formule magique : « Schnoups la gazelle et Roudoudou le rhinocéros ! Pikadili, Turlututu et Chabada ! »

Puis, elle compte jusqu'à trois et... voit apparaître une énorme girafe à la place de la tour Eiffel ! Pandora ne comprend pas : « Mais que s'est-il passé ? Je voulais juste faire disparaître la tour Eiffel, moi ! »

Julie Rotillon, *L'après-midi de Pandora Vermicelle*,

?

1 Où se passe l'histoire ?

2 Qu'est-ce que Pandora décide de faire pour ne pas s'ennuyer ?

3 De quels ingrédients Pandora a-t-elle besoin pour jouer avec la tour Eiffel ?

4 Pandora a-t-elle réussi ce qu'elle voulait faire ? Que fait-elle finalement apparaître ?

5 À deux, relevez les petits mots qui commencent chaque paragraphe.

Pour mieux lire

1 Lis ces mots. (Tu en as déjà vu certains dans les textes.)

un gardien - plein - bientôt - il vient - il éteint - un musicien - un peintre
attention - un recoin - sa potion - loin - un point - une invitation

a) Que remarques-tu dans ces deux listes ?

b) Comment pourrais-tu classer les mots de chaque ligne ?

- Je ne confonds pas « ien » et « ein » : *rien* et *les reins*.
- Je ne confonds pas « ion » et « oin » : *un lion* et *loin*.

2 Attention ! Entraîne-toi à lire les mots suivants.

le tien - la tienne
le mien - la mienne
un chien - une chienne
un gardien - une gardienne

J'écris une histoire

1 Voici le résumé en désordre de *L'après-midi de Pandora Vermicelle*.

- Aussitôt, elle prépare sa potion magique.
- Aujourd'hui, Pandora Vermicelle survole Paris pour s'amuser.
- Puis, elle compte jusqu'à trois et voit une girafe.
- Tout à coup, elle a l'idée de jouer avec la tour Eiffel.

a) Remets les phrases dans le bon ordre.

b) Quels sont les mots qui t'ont aidé(e) ?

2 À l'aide des images, raconte oralement l'histoire.
Utilise les mots en bleu pour commencer tes phrases.
Puis écris l'histoire que tu as inventée.

Un jour...

Soudain...

Alors...

Finalement...

Le balai des sorcières

Dans une maison isolée vivait une sorcière. Elle s'appelait Ramina Grospoil parce qu'elle avait un gros poil sur le nez. À chaque fois qu'elle l'arrachait... il revenait comme par enchantement. Tout le monde se moquait de Ramina.

Un jour qu'elle travaillait, on tapa à sa porte. C'était un fantôme qui lui annonçait qu'elle était invitée... au Bal des sorcières ! À cette époque, les sorcières n'avaient pas de balai et, pour venir à la fête, Ramina Grospoil dut marcher. À son arrivée, elle était épuisée.

À peine fut-elle annoncée que toutes les sorcières se mirent à rigoler : plus personne ne dansait ! Ramina fut si vexée qu'elle s'enfuit se cacher dans les bois. [...]

« Ce n'est pas très gentil » dit l'une.

« C'est même méchant » dit une autre.

« Il faut faire quelque chose ! » dirent-elles toutes en chœur.

Alors, la plus vieille des sorcières fut chargée d'aller trouver Ramina pour s'excuser. Mais au lieu d'aller dans la forêt... elle se retrouva au beau milieu d'un village.
« Une sorcière ! Attrapons-la ! » crièrent tous les villageois.
Ramina, non loin de là, entendit les appels au secours.
« Vite ! une sorcière en danger ! »

Soudain, Ramina eut une idée : une branche, plusieurs exemplaires de son poil et le balai magique était né... Hop ! d'un coup de balai magique, Ramina sauva la sorcière du bûcher*.

C'est ainsi que les sorcières firent un accueil triomphant à Ramina Grospoil. « Vive Ramina ! Vive les sorcières ! »

Depuis lors Ramina est débordée... elle a créé une usine de balais. Et toutes les sorcières l'appellent désormais : Ramina, la Reine du Balai !

Vincent Bourgneau, *Le balai des sorcières*, coll. Zéphir,
© Éd. Albin Michel Jeunesse.

?

1 Tout le monde se moque de Ramina. Explique pourquoi.

2 Avec quoi Ramina fabrique-t-elle son balai ? Cite tous les éléments.

J'apprends à organiser un récit

J'utilise des mots pour organiser mon récit

J'observe

Voici le résumé en désordre du *Balai des sorcières*, p. 72.

a) Alors, toutes les sorcières voulurent un balai.
b) Au début, tout le monde se moquait de Ramina.
c) Depuis lors, elle a créé son usine de balais.
d) Un jour, pour sauver une sorcière, elle inventa le balai magique.

1. Remets les phrases dans le bon ordre.

2. Quels sont les mots qui t'ont aidé(e) ?

3. À quoi servent ces mots selon toi ?

Quand tu racontes ou écris un récit, tu dois présenter les moments de l'histoire et les actions de tes personnages dans le bon ordre. Pour t'aider, tu peux utiliser des mots comme « au début, alors, ensuite, pendant que, depuis... *».*

Je m'exerce

Complète l'histoire avec ces mots :
Soudain - Depuis - Il y a longtemps - Un jour.

...... vivait une jolie petite fille avec des cheveux violets.
Tout le monde se moquait d'elle.
La fillette était désespérée.
...... elle s'allongea au pied d'un arbre et se mit à pleurer car elle était seule.
...... des centaines de petites fleurs sortirent de terre et parfumèrent ses cheveux.
...... la fillette sent si bon que toutes les petites filles l'envient.

J'indique le début, le milieu et la fin

J'observe

1. Classe ces mots en trois colonnes selon que tu les trouves au début, au milieu ou à la fin d'un récit.

il était une fois - depuis lors - soudain - enfin - il y a bien longtemps - tout à coup - alors - à cette époque - finalement.

2. Oralement, invente de courtes histoires avec tes camarades en choisissant un mot dans chaque colonne.

Parmi les mots qui organisent un récit :
- certains précisent le début de l'histoire,
- d'autres permettent de bien comprendre l'ordre et le déroulement des actions (le milieu de l'histoire),
- d'autres indiquent la fin du récit.

Je m'exerce

Lis ce texte, puis remets les mots en gras à leur place pour que l'histoire ait un sens.

Alors un petit tailleur qui partit combattre un géant pour épouser la fille du roi. **Il était une fois** en chemin, il découvrit l'ogre endormi sous un arbre. **Depuis lors** courageusement, avec du fil et une aiguille, il saucissonna l'ogre. Le roi jeta l'ogre en prison. **Soudain,** le petit tailleur vit heureux avec la princesse.

Je relis, je réécris

Relis l'histoire que tu as écrite (voir p. 71).

1 Est-ce que tu as présenté les moments de ton histoire et les actions de tes personnages dans le bon ordre ?

2 As-tu utilisé des mots pour organiser ton récit (le début, le milieu, la fin) ? Si tu le souhaites, tu peux remplacer un mot par un autre qui convient mieux.

Tu peux te reporter :

Des phrases, un texte (2) p. 141.

Trouver le verbe p. 144.

Récréation

Pour devenir une sorcière

À l'école des sorcières
On apprend les mauvaises manières
D'abord ne jamais dire pardon
Être méchant et polisson
S'amuser de la peur des gens
Puis détester tous les enfants.

À l'école des sorcières
On joue dehors dans les cimetières
D'abord à saute-crapaud
Ou bien au jeu des gros mots
Puis on s'habille de noir
Et l'on ne sort que le soir.

À l'école des sorcières
On retient des formules entières
D'abord des mots très rigolos
Comme « chibernique » et « carlingot »
Puis de vraies formules magiques
Et là il faut que l'on s'applique.

Jacqueline Moreau.

Pistes de lecture

Si tu veux découvrir des recettes de sorcières et apprendre des formules magiques…

Claude Boujon, *Ah ! Les bonnes soupes*, L'École des Loisirs.

Philomène veut devenir sorcière. Elle invite ses amis à son anniversaire.

Marie-Sabine Roger, *Bon anniversaire, Philomène !*, Épigones.

Expression orale

Préciser (2)

Sophie fait du roller dans la rue. Un passant lui demande son chemin.

1 Dans la vignette 1, que demande le passant à Sophie ?

2 Est-ce que Sophie renseigne bien le monsieur dans cette première vignette ? Et dans les vignettes suivantes ?

3 Qu'aurait dû dire Sophie dès le début ?

Pour situer une maison ou un lieu, tu peux dire « ***c'est à gauche, c'est à droite, c'est en face de..., près de...*** ». Cherche d'autres expressions pour compléter cette liste.

- **Jouez la scène à deux.**
- **Inventez un autre dialogue** sur le même modèle.

Un élève choisit un lieu près de l'école. L'autre élève lui indique le chemin de manière précise.

Décrire (3)

1 Qu'est-ce que je vois ?

Essaie de décrire ce paysage.
Choisis une des expressions suivantes pour commencer ta description.

- *C'est une très grande montagne...*
- *C'est une montagne avec des petits ruisseaux...*
- *C'est un paysage plat et sec...*
- *C'est un paysage sec avec des sortes de cheminées qui montent vers le ciel...*

2 Qu'est-ce que j'en dis ?

- Est-ce quelqu'un qui a construit ces cheminées de pierre ou bien est-ce que cela s'est fait naturellement ?
- Penses-tu que des gens habitent dans cette région ? Où sont leurs maisons ?
- As-tu déjà vu un paysage comme celui-ci ?

3 Qu'est-ce que j'en pense ?

- Aimerais-tu habiter dans cette région ?
- Aimerais-tu la visiter ?

- **Par groupes de quatre**, chaque élève dessine un paysage ou une maison sans mettre son nom sur le dessin. Puis on met les dessins dans un tiroir, sans les regarder.
Chaque élève vient décrire son dessin à la classe, en essayant d'être le plus précis possible. On sort les dessins du tiroir. Deux élèves tirés au sort doivent alors deviner qui a dessiné quoi et écrire le nom du bon dessinateur sur chaque dessin.

Expérimenter

4

Pourquoi dit-on que le Soleil se lève ?

Nous vivons sur la planète Terre. Lorsque nous regardons le ciel, nous avons l'impression que le Soleil se déplace. Le matin il apparaît d'un côté, à midi il se trouve juste au-dessus de nos têtes et le soir il disparaît de l'autre côté.

Longtemps les hommes ont cru que la Terre était plate et que le Soleil se déplaçait. Des savants ont découvert la vérité. Notre planète est ronde et c'est elle qui tourne autour du Soleil.

Et ce n'est pas tout ! Comme une toupie, elle tourne aussi sur elle-même. Le Soleil ne peut donc pas l'éclairer entièrement. Si nous sommes du côté du Soleil, c'est le jour, mais nous tournons, nous tournons et nous voici plongés dans la nuit. Bien sûr nous ne ressentons rien.

Pour comprendre le jour et la nuit

La punaise rose indique la France.

Il fait jour en France. | Il fait nuit en France.

Tu vois bien que la lumière de la lampe ne peut jamais éclairer l'orange en entier parce que l'orange est ronde, comme la Terre.
Il y a toujours une partie du monde plongée dans le noir de la nuit.

1 Réponds par *vrai* ou *faux* :
a) Le Soleil se couche et se lève.
b) Le Soleil éclaire toute la Terre en même temps.

2 De quoi parle-t-on quand on dit « elle tourne aussi sur elle-même » (lignes 8-9) ?

3 Ce texte est-il une histoire ? une recette ? un document ?

4 Si tu veux en savoir plus sur le Soleil et la Terre, dans quels livres iras-tu chercher ?

Le temps qui passe

La Terre tourne et tous ses habitants tournent avec elle. Elle met vingt-quatre heures pour faire un tour complet, c'est la durée d'une journée. Le temps qui passe se mesure en minutes, en heures, en années... Tu regardes une montre ou une horloge et tu lis l'heure. Le calendrier te donne la date, le jour, le mois, l'année.

Les hommes ont toujours cherché à mesurer avec précision le temps qui passe. De l'horloge à eau* au cadran solaire, il y a eu beaucoup d'inventions avant la montre à quartz !

Construire un sablier

Il faut :

- 2 grandes bouteilles en plastique vides et leur bouchon.
- Du sel (ou du sable) très fin.
- Du sparadrap.
- Un entonnoir.
- Une vrille.

1. Assembler les bouchons avec du sparadrap.

2. Percer les deux bouchons avec la vrille, avec l'aide d'un adulte.

3. Verser le sel dans une des deux bouteilles. Chaque élève décide de la quantité à mettre.

4. Visser les bouchons sur les bouteilles.

À plusieurs, vous pouvez comparer la durée de l'écoulement selon la quantité de sel, la forme et la taille des bouteilles.

1. Quelle est la durée d'une journée ?
2. Donne le nom d'instruments inventés par l'homme pour mesurer le temps.
3. Quelles informations trouves-tu dans la fiche technique du sablier ?
4. Pourquoi faut-il suivre l'ordre des consignes de cette fiche ?

Pour mieux lire

1 Lis les couples de mots suivants :

une montre - un moniteur | un don - il donne | il est bon - elle est bonne
une éponge - un poney | un son - une sonnette | mignon - mignonne
un bonbon - le bonheur | une addition - additionner | un lion - une lionne

- Que remarques-tu dans tous ces couples ?

Lorsque je vois « on » dans un mot,
je ne prononce pas toujours ces deux lettres de la même façon :
raconter, *donner*.

2 Entraîne-toi à lire les mots suivants :

expérimenter - expérience - expérimental
expliquer - explication - explicable
exagérer - exagération - exagérément
exiger - exigence - exigeant
excuser - excuse - excusable
exercer - exercice

- Choisis deux de ces mots et fais une phrase oralement.

J'écris, je décris une expérience

Voici une fiche technique pour construire une boussole.
Les phrases sous les dessins ont été en partie effacées. À toi de les écrire !

Matériel :
- Une aiguille à coudre.
- Un aimant.
- Un morceau de bouchon.
- Du ruban adhésif.
- Un verre avec un peu d'eau.

1. Frotter l'aiguille contre l'aimant.
2. ……
3. ……
4. ……

Toutes les aiguilles indiquent la même direction : c'est le nord.

Quelques secrets sur le Soleil

Le sais-tu ?

• Sans le Soleil, la Terre serait un désert glacé. Personne ne pourrait y vivre, il n'y aurait ni plantes ni animaux. Le Soleil nous donne sa lumière et sa chaleur.

• Le Soleil s'éteindra un jour, dans très très longtemps. C'est une vieille étoile de cinq milliards d'années et les savants pensent qu'elle brillera encore pendant 6 milliards d'années !

• Il ne faut jamais fixer le Soleil, même avec des lunettes de soleil. Sa lumière est beaucoup trop forte et elle pourrait te rendre aveugle ou t'abîmer les yeux.

• La lumière du Soleil que tu crois blanche est en fait composée de plusieurs couleurs. L'arc-en-ciel dévoile parfois ces couleurs après la pluie. Il y en a sept, qui se présentent toujours dans le même ordre : rouge à l'extérieur, puis orange, jaune, vert, bleu, indigo et violet.

La décomposition de la lumière

Il faut :
- Un petit miroir.
- Une assiette creuse.
- De l'eau.
- Une feuille blanche.

■ Fixer la feuille blanche sur un mur à côté d'une fenêtre.
■ Placer l'assiette remplie d'eau au soleil.
■ Plonger le miroir à moitié dans l'eau.
■ Orienter le miroir pour que les couleurs de l'arc-en-ciel apparaissent sur la feuille de papier.

1 Explique pourquoi le Soleil est si important pour l'homme.

2 De quelles couleurs est composée la lumière du Soleil ?

J'écris des consignes

1 Je commence mes phrases par un verbe

J'observe

Relis les phrases suivantes.

1. Fixer la feuille blanche sur le mur
à côté d'une fenêtre.
2. Placer l'assiette remplie d'eau au soleil.
3. Plonger le miroir à moitié dans l'eau.
4. Orienter le miroir.

1. Où as-tu lu ces phrases ?

2. Quel est le premier mot de chaque phrase ?

3. De quel mot s'agit-il ?

Pour expliquer ce que l'on doit faire, on commence le plus souvent les phrases par un verbe, comme dans les consignes d'exercices.

Je m'exerce

Retrouve la consigne qui correspond à chaque image et complète avec le bon verbe : Coller - Fixer - Découper - Percer.

a) ...... les yeux et la bouche dans l'assiette en carton avec des ciseaux.
b) ...... des morceaux de laine pour faire les moustaches.
c) ...... des trous sur les côtés.
d) ...... l'élastique.
Le masque est prêt !

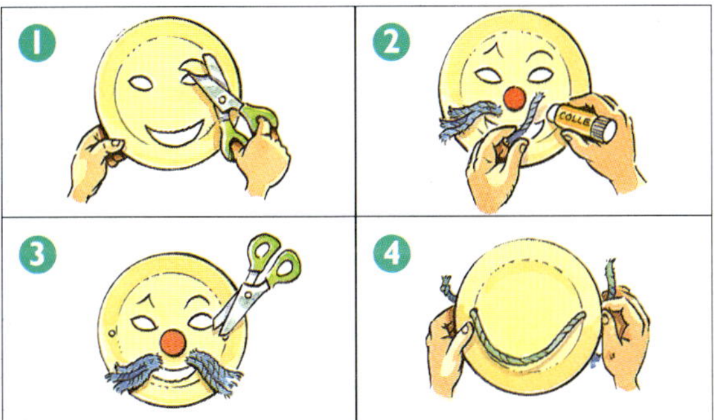

2 J'emploie un verbe conjugué ou à l'infinitif

J'observe

Relis les phrases suivantes.

1. Fixe la feuille blanche sur le mur
à côté d'une fenêtre.
2. Place l'assiette remplie d'eau au soleil.
3. Plonge le miroir à moitié dans l'eau.
4. Oriente le miroir.

1. À qui parle-t-on ?

2. Compare ces phrases avec celles de la colonne de gauche. Quel mot a changé ?

Dans une consigne, tu peux utiliser un verbe conjugué ou l'écrire à l'infinitif.
Par exemple : Trace un trait.
ou Tracer un trait.

Je m'exerce

a) Recopie ce texte en mettant les verbes à l'infinitif.

La toupie de la lumière blanche

1. Trace un cercle de 8 cm de diamètre sur un carton.
2. Partage ton cercle en 8 parties égales.
3. Colorie avec les couleurs de l'arc-en-ciel.
4. Enfonce un crayon au centre.
5. Fais tourner le plus vite possible.

b) Avec un(e) camarade, fais une liste de dix verbes qui commencent les consignes dans tes livres de classe. Qu'observes-tu ?

Je relis, je réécris

Reprends ta fiche pour construire une boussole (voir p. 79).

1 Est-ce que tu as bien expliqué ce qu'il faut faire à chaque dessin ?

2 As-tu commencé toutes tes phrases par un verbe ?

Tu peux te reporter :

L'infinitif du verbe p. 147.

Les mots des consignes p. 175.

Récréation

Pour faire le portrait d'un oiseau

Peindre d'abord une cage
avec une porte ouverte
peindre ensuite
quelque chose de joli
quelque chose de simple
quelque chose de beau
quelque chose d'utile
pour l'oiseau
placer ensuite la toile contre un arbre
dans un jardin
dans un bois
ou dans une forêt
se cacher derrière l'arbre
sans rien dire
sans bouger...
Parfois l'oiseau arrive vite
mais il peut aussi bien mettre de
longues années
avant de se décider
Ne pas se décourager
attendre [...]

Jacques Prévert, *Paroles*, © Éd. Gallimard.

Pistes de lecture

Si tu veux en savoir davantage sur les mystères de la Terre et du Soleil et faire d'autres expériences, tu peux lire ces livres.

Méga expériences, Nathan.

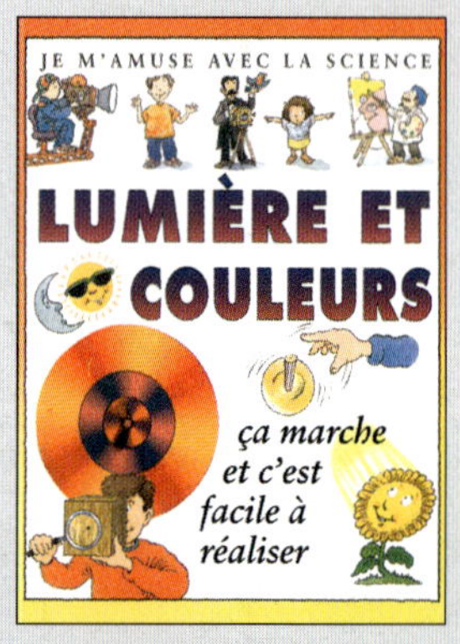

Gary Gibson, *Lumière et couleurs*, Millepages.

Qui parle ?

Niouc

Souvent avec mon père, nous allons en forêt. Cette fois-là, un étrange animal était accroché à une branche d'arbre...

Il avait deux petits bras courts, deux jambes un peu arquées, une tête ronde et un gros nez noir, de grosses dents de lapin qui s'entrechoquaient* de froid ou de peur, en faisant : « Tacatacatac ! Tacatacatac ! »

La bestiole* s'est mise à nous parler en claquant des dents, dans une langue que nous ne comprenions pas du tout. On entendait surtout : « Niouc, Niouc ! Bulo ! Bulo ! » et « Tacatac ».

Il s'est assis au creux de mes mains et m'a regardé avec inquiétude. Puis, se tapant la poitrine du plat de la main, il a dit : « Niouc ! » ; comme ça, deux ou trois fois. Tout d'un coup, j'ai compris.

Puis il a montré le ciel, en disant : « Bulo ! Vooumm ! Plaff ! », comme s'il mimait un accident. Et en sautant de mes mains, il a bondi sur une branche pour me montrer l'arbre voisin en disant : « Vooumm ! »

Après un quart d'heure de mime, on a fini par comprendre qu'il s'appelait Niouc, qu'il venait d'un endroit qui s'appelait Bulo et que son engin* en panne était tombé dans un arbre.

Marie-Sabine Roger et Marie-Anne Didierjean, *3 histoires d'extraterrestres*,

1 Qui sont les personnages de cette histoire ?

2 Comment l'enfant comprend-il que la petite bête s'appelle Niouc ?

3 Où habite Niouc ? De quelle façon est-il arrivé sur Terre ?

4 Qui raconte cette histoire : Niouc, le père ou l'enfant ?

5 Quels signes de ponctuation vois-tu chaque fois que Niouc parle ?

6 Niouc est un extraterrestre. As-tu déjà entendu parler des extraterrestres ?

Le secret de la maison

Il était une fois une maison à vendre, mais personne n'en voulait. Le propriétaire ne s'en occupait pas, il la trouvait trop laide. Pourtant, la maison avait un secret...

Un jour, un promeneur, un peintre du dimanche, un rêveur, un papa-sac-à-dos avec ses deux enfants trouva la maison à son goût.

« Tu tiens à peine debout, dit-il, mais tu me plais avec ton air penché, et j'aime bien ton petit jardin... Malheureusement, même si tu vaux trois sous, je ne les ai pas ! »

Il entra tout de même, avec ses enfants, histoire de rêver. [...] C'est alors qu'on entendit un bruit, une petite voix qui venait du grenier : « Montez, n'ayez pas peur, l'escalier grince mais il tient bon... »

Les visiteurs montèrent, faisant fuir les fourmis, les araignées, les chauves-souris.

« Approchez, dit la voix, par ici... »

Malgré le toit troué, il faisait sombre dans le grenier et les visiteurs n'étaient guère rassurés. Ils trébuchèrent* sur un panier, un oiseau empaillé [...] et, finalement, sur un gros coffre. C'était lui qui parlait !

« Ouvre-moi, dit le coffre, et soulève mon double fond... »

Le papa, stupéfait, le souleva en tremblant. Et, dessous, que vit-il ? « Un trésor ! », s'écrièrent les enfants.

La maison se mit alors à parler :

« J'avais juré de ne dire mon secret qu'à celui qui m'aimerait. Prends les pièces d'or, elles sont à toi. À présent, tu peux m'acheter dix fois et me faire réparer de la cave au grenier. Enfin je vais avoir de bons propriétaires qui m'aimeront et prendront soin de moi ! »

Michel Manière, *Je lis déjà*, n° 74, © Fleurus Presse.

1 Qui appelle les visiteurs lorsqu'ils entrent dans la maison ?

2 Que découvre le père dans le coffre ?

3 Pourquoi la maison offre-t-elle cet argent au père ?

4 À ton avis, à quoi ce trésor va-t-il servir ?

5 Relis les lignes 5 : « **J'**aime bien ton petit jardin » et 25 : « **je** vais avoir de bons propriétaires ». « **J'** » et « **je** » : est-ce le même personnage qui parle ?

Pour mieux lire

1 Lis ces groupes de mots.

inquiétude - innocent
incorrect - inutile
incolore - inodore

important - imagination
impossible - immobile
impoli - immédiat

a) Que remarques-tu au début des mots ?

b) Est-ce que les lettres en rouge se prononcent toujours de la même façon ?

Au début d'un mot, « in » et « im » ne se prononcent pas toujours de la même façon :
- je prononce [ɛ̃] comme dans *informer*, *interroger*, *imprimer*... ;
- je prononce [i] [n] et [i] [m] comme dans *inattendu*, *inégal*, *imitation*, *immeuble*...

2 Entraîne-toi à lire les mots suivants.

un lapin - une lapine
un voisin - une voisine
il est coquin - elle est coquine

la fin - une finale - finir
un dessin - un dessinateur - dessiner
un jardin - un jardinier - jardiner

J'écris ce que dit un personnage

1 Observe cette image. Avec tes camarades, imagine ce que Sacha va dire à son chien qui s'appelle Chiffon. Par exemple, Sacha gronde Chiffon, il pense au nettoyage qu'il devra faire...

2 Complète ce texte en faisant parler Sacha.
Aide-toi des idées que vous avez trouvées collectivement.

Comme tous les jours, Sacha rentre de l'école vers cinq heures. En poussant la porte de la cuisine, il découvre les bêtises de son chien. Sacha s'écrie :
« .... »

C'est l'plombier !

Boule et Bill, n° 12, © sprl Jean Roba, © Dargaud Bénélux.

1 Comment sait-on que le téléphone sonne ?

2 Comment le chien fait-il pour expliquer à Boule qui a téléphoné ?

3 Trouves-tu cette bande dessinée amusante ? Pourquoi ?

Je fais parler mes personnages

J'utilise les guillemets

J'observe

■ **Relis ces phrases extraites de *Niouc*, p. 83.**

« Tacatacatac ! Tacatacatac ! » (l. 4).
« Niouc, Niouc ! Bulo ! Bulo ! » (l. 7).
« Bulo ! Vooumm ! Plaff ! » (l. 13-14).

■ **1. Quel est le personnage qui s'exprime de cette façon ?**

■ **2. Dans le récit, comment vois-tu qu'il prend la parole ?**

Dans un récit, quand tu veux faire parler un personnage, tu utilises des guillemets pour indiquer le début et la fin de son discours :

Marc a dit : « Bonjour ! »

Je m'exerce

■ **Replace les guillemets au bon endroit dans ces deux textes.**

A. Papa dit : Nous irons à la montagne cet hiver. Farid saute de joie et se met à hurler : Hip, hip, hip, hourra !

B. Le petit chaperon rouge regarde dans son cartable et dit : Oh, chic !
Mon goûter préféré. Je vais me régaler.
Il prend son gâteau et commence à manger tranquillement, assis au pied d'un arbre. Il murmure : Que c'est bon un gâteau au chocolat !

J'utilise les pronoms « je » et « tu »

J'observe

■ **Relis ce passage du *Secret de la maison*, p. 84.**

Le papa dit : « **Tu** tiens à peine debout mais **tu** me plais… J'aime bien ton petit jardin… Malheureusement, même si **tu** vaux trois sous, **je** ne les ai pas ! »

■ **1. Dans ce passage, qui est « je, j' » ? Qui est « tu » ?**

■ **2. Qui parle à qui ?**

Quand un personnage parle de lui, il peut dire « je » (ou « nous »).
Quand un personnage s'adresse directement à un autre personnage, il peut dire « tu » (ou « vous »).

Je m'exerce

■ **a) Paul parle avec quatre personnes différentes. Retrouve ce qu'il leur dit.**

■ **b) Précise à chaque fois qui est « vous, nous, tu, j' ».**

1. Paul raconte ce qu'il a fait avec ses parents dimanche.
2. Paul parle à un agent de police.
3. Paul raconte ce qu'il a fait avec Pierre.
4. Paul parle à son ami.

a) Pourriez-**vous** m'indiquer mon chemin ?
b) **Nous** sommes allés au cinéma.
c) **Tu** devrais venir avec moi à la piscine.
d) **J'**ai regardé le match de foot avec Pierre.

Je relis, je réécris

Reprends le texte où tu as fais parler Sacha (voir p. 85).

1 Vérifie que tu as mis des guillemets afin que ton lecteur comprenne bien quand Sacha se met à parler dans ton récit.

2 As-tu utilisé les pronoms « je » et « tu » au bon moment ?

3 Maintenant, fais lire ton texte par un(e) camarade : les autres doivent pouvoir comprendre ton récit.

Tu peux te reporter :

Utiliser les pronoms p. 148.

Conjuguer au présent p. 154-155.

Récréation

Le téléphone

Aujourd'hui, communiquer avec le téléphone sur de grandes distances est très facile. Mais sais-tu que cette invention n'est pas si ancienne que cela ?

• Un inventeur génial

En 1875, l'Écossais Alexander Graham Bell a réussi la première transmission d'une voix humaine le long d'un câble électrique.
C'est le début du téléphone !

• Téléphones d'autrefois

Le téléphone-chandelier fut le premier à être utilisé dans le monde entier. Les premiers modèles n'avaient pas de cadran.

Téléphone-chandelier avec cadran, années 1930.

Téléphone à cadran compact, 1967.

D'après *Encyclopédie Millénium*, © Nathan.

Pistes de lecture

Si tu veux lire d'autres histoires de rencontres et d'amitié avec des personnages attachants…

★ Jeanne Willis, ***Docteur Xorgol***, Folio Benjamin, Gallimard.

★★ Uri Orlev, ***Baptiste et le lion***, Actes Sud Junior.

12 Qui dit quoi ?

C'est moi le roi !

Ce soir, les animaux se sont réunis pour choisir un nouveau roi. Chacun essaie de prouver qu'il faut voter pour lui.

— C'est moi le roi des animaux, tout le monde le sait. Je ne vois pas pourquoi il faudrait changer les choses, s'exclama ....

— Oui mais moi, vois-tu, dit ......, je suis si gros, je vis si longtemps que je mérite d'être roi.

— Tu vis moins longtemps que moi, et ma carapace me protège de toutes les attaques, protesta ....

— Avec mon très long cou, c'est pourtant moi qui domine tous les animaux, grommela ....

— Mais il n'y a pas plus malin, plus agile ni plus drôle que moi. Je veux être le roi, dit ...... en faisant une pirouette.

— Aucun de vous ne peut voler dans le ciel, et je suis l'un des seuls oiseaux qui peuvent apprendre à parler. Je dois être roi, affirma ....

— Taisez-vous, chuchota .... Mon venin est si puissant que je pourrais tuer chacun d'entre vous, et je deviendrais le roi !

Jacqueline Moreau.

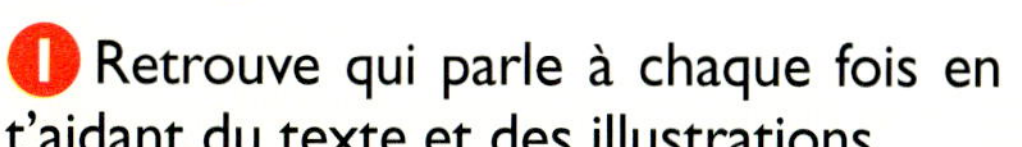

1 Retrouve qui parle à chaque fois en t'aidant du texte et des illustrations.

2 Combien d'animaux sont réunis ce soir-là ? D'habitude, qui est le roi ?

3 Comment sais-tu quand un nouvel animal prend la parole ?

4 À plusieurs, répartissez-vous les rôles et jouez la scène.

Le cow-boy malhonnête

Sherlock Hemlos, le détective, rend visite à son ami Jojo qui possède un ranch. Un paquet contenant un chapeau a mystérieusement disparu. Sherlock interroge trois cow-boys.

— Pierre, est-ce que tu sais quelque chose au sujet du paquet contenant un chapeau ? Il a été volé dans la maison.

— Bien sûr que non, répondit le cow-boy très pâle, que veux-tu que je sache ? Tout ce que je sais, c'est que je n'ai pas pris ce paquet !

— Louis, est-ce que tu sais quelque chose au sujet de ce chapeau ?

— Bien sûr que non ! Est-ce que j'ai la tête d'un voleur de chapeau ? répliqua Louis.

— Hum, Charles, dis-moi tout ce que tu sais sur cette histoire de chapeau volé !

— Pourquoi moi ? s'indigna celui-ci. Comme si un chapeau pouvait m'intéresser ! D'ailleurs, je me demande bien ce que je ferais d'un chapeau blanc ! J'en ai des tas !

— Pas facile de découvrir le coupable, remarqua Jojo. Ces trois-là se prétendent innocents.

— Mais non ! répliqua Sherlock Hemlos. Je connais le voleur !

Qui est le voleur ? Vous donnez votre langue au chat ?

Jim et Mary Razzi, *Sherlock Hemlos mène l'enquête*, coll. Le Livre de Poche Jeunesse, © Hachette Livre.

1 Où a été volé le chapeau ?

2 Comment s'appellent les cow-boys ?

3 Combien y a-t-il de personnages en tout dans cette histoire ?

4 Pourquoi Pierre est-il très pâle (l. 3) ?

5 Comment Sherlock Hemlos a-t-il découvert le voleur ?

6 Ce texte est un dialogue : les personnages parlent entre eux. Quels signes de ponctuation sont utilisés pour indiquer qu'un personnage prend la parole ?

Pour mieux lire

1 Voici quelques mots. Tu dois les connaître pour pouvoir les prononcer correctement.

un monsieur - une femme - ma sœur - mon cœur - un œuf
le bonheur - un bonhomme - un album - un aquarium - du rhum
un vaccin - un accent - de l'alcool - un wagon - le week-end
un camping - un jean - un club - un ranch - un cow-boy

2 Entraîne-toi à lire les mots suivants.

un détective - un inspecteur - un rectangle
de l'électricité - un insecte - une collection
le facteur - un réacteur - une actrice - un tracteur

la lecture - un lecteur
un spectacle - un spectateur
une action - une rédaction

3 Quand tu vois un trait d'union, ne t'arrête pas entre les mots.

vois-tu	celui-ci	une grand-mère
taisez-vous	au-dessus	un porte-monnaie
croyait-il	est-ce que	Marie-Lou
pense-t-il	peut-être	un arc-en-ciel

J'écris un dialogue

1 Observe ces deux images :

- Qui sont les deux personnages au téléphone ?
- Pourquoi la dame téléphone-t-elle ? De quels renseignements le pompier a-t-il besoin avant de se rendre sur place ?
- Avec tes camarades, imagine ce que disent les deux personnages.

2 À partir des conversations que vous avez imaginées en classe, écris un dialogue. N'oublie pas d'utiliser un tiret chaque fois qu'un personnage parle.

Les extraterrestres

C'était au printemps dernier. Papa était en train de discuter avec tonton Henri et monsieur et madame Ferdu. Ils parlaient des extraterrestres.

Maman et madame Ferdu soutenaient que peut-être il existe d'autres gens que nous, ailleurs dans l'espace. Tonton Henri disait que c'était « scientifiquement improbable ». Papa aussi. Monsieur Ferdu était d'accord avec eux. Tout d'un coup, il s'est exclamé :

— Non mais, vous imaginez ça, un petit bonhomme vert avec des oreilles pointues et une trompette à la place du nez ? Ce serait proprement ridicule !

— Je suis bien d'accord avec vous ! a répondu une petite voix derrière moi.

Monsieur Ferdu a dit :

— Juste ciel !

Maman et madame Ferdu ont gémi :

— Hooo !

Papa, lui, regardait par-dessus mon épaule, l'air un peu mal à l'aise. Il a dit faiblement :

— Hein, n'est-ce pas ? Vous trouvez aussi que ce serait ridicule ?

Ma sœur et moi, on s'est retournés pour voir à qui parlait Papa. Eh bien justement, sur la fenêtre, il y avait un petit bonhomme violet avec de grandes oreilles en chou-fleur, un nez en forme de concombre et des mains aux doigts spatulés. Le petit bonhomme avait tout à fait l'air d'accord avec Papa. D'ailleurs, il a repris :

— Ah ! Je suis de votre avis ! Ces histoires de petit bonhomme vert avec une trompette à la place du nez, c'est totalement grotesque !

Marie-Sabine Roger et Marie-Anne Didierjean, *3 histoires d'extraterrestres*, © Éd. Lito, 1991.

?

1. Quels sont les trois personnages qui pensent que les extraterrestres n'existent pas ?
2. Ligne 12 : qui parle ?
3. Peux-tu décrire l'extraterrestre ?

J'écris un dialogue

Je fais parler mes personnages

J'observe

■ **Relis ce passage du *Cow-boy malhonnête*.**

— Louis, est-ce que tu sais quelque chose au sujet de ce chapeau ?
— Bien sûr que non ! répliqua Louis.
— Hum, Charles, dis-moi tout ce que tu sais sur cette histoire de chapeau volé !

■ **1. Combien de personnages parlent ?**

■ **2. Qu'est-ce qui te permet de voir qu'un personnage prend la parole ?**

Tu peux faire parler les personnages dans un récit. N'oublie pas d'aller à la ligne et de mettre un tiret à chaque fois qu'un personnage prend la parole.

Je m'exerce

■ **a) Combien de personnages parlent dans ce texte ?**

■ **b) Recopie en mettant les tirets à leur place.**

J'ai mal à la tête ce soir, soupire Camille. Veux-tu que j'appelle le médecin ? demande Maman. Je pourrai quand même aller à la piscine ce soir ? interroge Camille. Si tu es vraiment malade, le médecin te conseillera de rester au lit.

J'utilise des verbes pour dire qui parle et comment

J'observe

■ **1. Relis le texte *C'est moi le roi !*, p. 89. Retrouve comment chaque animal parle et complète la liste.**

le lion → s'exclama
l'éléphant → dit
la tortue → ......
la girafe → ......
le singe → ......
le perroquet → ......
le serpent → ......

■ **2. Connais-tu le sens de tous ces verbes ? Tu peux chercher dans un dictionnaire.**

Dans un dialogue, tu peux remplacer les verbes dire *et* parler *par des verbes comme* demander, répondre, murmurer, crier, gronder... *Ces verbes précisent la manière de parler et le ton de la voix.*

Je m'exerce

■ **Remplace le verbe « dit » par le verbe qui convient :** demande, affirme, s'exclame, répond.

— Quel jour sommes-nous ? **dit** la maîtresse.
— Nous sommes jeudi, **dit** Sébastien.
— Mais non ! **dit** Nanou, nous sommes vendredi.
— Moi je sais, on est dimanche, **dit** Paul.

Je relis, je réécris

Reprends le dialogue que tu as écrit (voir p. 91) et relis-le.

1 Est-ce que tu as bien utilisé un tiret chaque fois que la dame ou le pompier parlent ? As-tu pensé aussi à aller à la ligne ?

2 Essaie de préciser la manière dont tes personnages parlent. Tu peux choisir parmi ces verbes ou en trouver d'autres : « demander, répondre, s'exclamer, protester, interroger, crier... ».

Tu peux te reporter :

Trouver le sujet du verbe p. 145.

Des mots pour dire la même chose p. 177.

Récréation

Quartier libre

J'ai mis mon képi dans la cage
et je suis sorti avec l'oiseau sur la tête
Alors
on ne salue plus
a demandé le commandant
Non
on ne salue plus
a répondu l'oiseau
Ah bon
excusez-moi je croyais qu'on saluait
a dit le commandant
Vous êtes tout excusé tout le monde peut se tromper
a dit l'oiseau.

Jacques Prévert, *Paroles*, © Éd. Gallimard.

Pistes de lecture

Nico ne sait vraiment pas quels objets collectionner…

Hubert Ben Kemoun, *C'est quoi ta collec ?*, Première Lune, Nathan.

Thierry fait une farce au téléphone. Il tombe sur une mystérieuse voix…

Nicolas de Hirsching, *Le mot interdit,* Bayard Poche.

Expression orale

Raconter

Jules raconte à sa mère l'après-midi qu'il a passé avec ses copains...

1 Dans les vignettes 1 à 3, est-ce que la maman comprend ce que Jules lui raconte ?

2 À quel moment commence-t-elle à comprendre ce qui est arrivé à Jacques ?

Pour bien raconter une histoire, il faut dire :
- à qui elle est arrivée,
- quand cela s'est passé...
Cherche d'autres précisions qu'il faut donner.

• **Imaginez à plusieurs** la suite de l'histoire de Jacques. Puis jouez la scène en classe par groupes de deux.

• **Cherche une histoire** du même genre qui t'est arrivée et raconte-la. Un(e) camarade te demande des précisions si c'est nécessaire.

Expression orale

Donner son avis (1)

- Demain, tu seras belle
comme un camion.

LA BOITE ACIER, C'EST FACILE A RECYCLER.

ACIER RECYCLABLE

1 Qu'est-ce qu'on me montre ?
Essaie de décrire cette publicité en complétant les phrases :
- *On me montre deux boîtes de ....*
- *L'une est plus ...... que l'autre.*
- *La plus ...... est devant.*
- *Sous les deux boîtes, on voit ....*
- *Cela me fait penser à ....*

2 Qu'est-ce qu'on me dit ?
- Combien y a-t-il de phrases écrites ? Où sont-elles par rapport au dessin ?
- Sais-tu ce qu'est le recyclage ? (Tu peux chercher dans un dictionnaire.)
- D'après toi, peut-on fabriquer des camions avec de l'acier ?

3 Qu'est-ce qu'on veut que je comprenne ?
Choisis une réponse :
- *Une boîte de conserve qui ne sert plus, on la jette et puis c'est tout.*
- *Quand une boîte de conserve ne sert plus, on peut la récupérer pour faire de nouveaux objets utiles.*

• **Par groupes de quatre**, vous allez préparer une discussion. Choisissez un des trois thèmes et dites chacun ce que vous en pensez.
1. Qu'est-ce qu'on peut recycler ?
2. Est-ce bien de recycler des objets ? Pourquoi ?
3. Est-ce que c'est utile de faire de la publicité pour le recyclage ? Pourquoi ?

Bilan 2

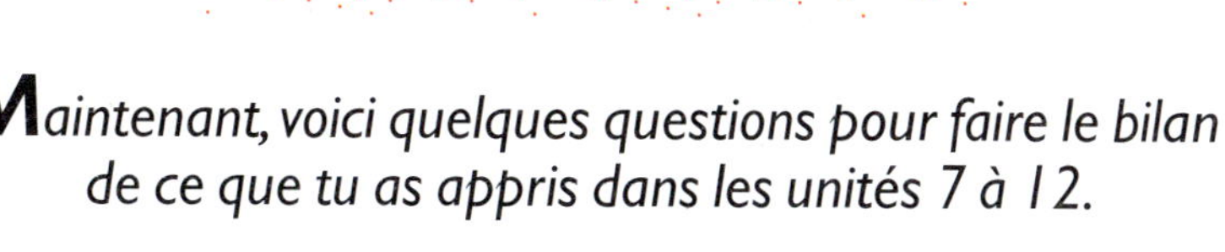

Maintenant, voici quelques questions pour faire le bilan de ce que tu as appris dans les unités 7 à 12.

Je fais le point sur ce que j'ai lu

1 Je lis mieux

Trouve l'intrus dans chaque liste.

- clair - chair - couche - chanter.
- danse - chambre - dame - anguille.
- chien - tien - ceinture - rien - bientôt.
- champion - camion - pion - point.
- contrôle - bonnet - conseil - cochon.
- invention - ingrédients - inutile - intéresser.

Complète le poème avec les mots en bleu. Attention aux rimes !

Voilà un chien
Pour ......
Voilà un jean
Pour ......
Et voilà des fleurs
Pour ...... !

le gardien
ma sœur
Angéline

2 Mes lectures de Noël à Pâques

Retrouve le titre des textes documentaires que tu as lus.

Le cow-boy malhonnête - Des cultures et leurs utilisations - Quelques secrets sur le soleil - Le balai des sorcières.

Retrouve les sorcières parmi ces personnages.

Jules - Madame Ferdu - Pandora - Niouc - Ramina.

Retrouve le titre des histoires dans lesquelles des animaux parlent.

C'est l'plombier ! - C'est moi le roi ! - L'éléphant - Jules et son chapeau magique - L'après-midi de Pandora Vermicelle.

3 Vrai ou faux ?

	VRAI	FAUX
1 Les éléphants ne mangent pas de viande.		
2 Jules habite avec son chat et Tante Caroline.		
3 La sorcière Camomille se déplace en balai.		
4 Le soleil est un désert glacé.		
5 Dans *Le secret de la maison*, la maison vaut trois sous.		
6 C'est le chapeau de Charles qui a été volé.		

Réponses : 1V ; 2F ; 3V ; 4F ; 5F ; 6F.

Si tu as plus de 15 bonnes réponses	→ Bravo ! Tu es un lecteur attentif.
Si tu as entre 10 et 15 bonnes réponses	→ C'est bien.
Si tu as moins de 10 bonnes réponses	→ C'est moyen. As-tu répondu trop vite ? As-tu bien lu ou relu tes textes ?

Bilan 2

Je fais le point sur ce que j'ai écrit

4 Ce que je sais faire

1 Choisis les bons mots :

a. Dans (un récit / un document), les légendes expliquent ce que l'on voit sur les dessins ou les photos.
b. Quand on écrit une légende, le texte doit être (long / court) et on utilise (des mots / des dessins) précis.

2 Retrouve ce qui te permet de reconnaître un paragraphe dans un texte :

a. Il y a un tiret au début de la ligne.
b. Un paragraphe commence toujours au début d'une ligne.
c. Il y a un espace blanc au début du paragraphe.

3 Remets ces phrases dans l'ordre :

a. Depuis que je sais nager, je vais souvent à la piscine.
b. Au début de l'année, je ne savais pas nager.
c. Alors, j'ai pris des cours avec un maître-nageur.

Réponses : 1) a : un document ; b : court, des mots ; 2) b, c ; 3) b, c, a.

5 Ce que j'ai compris et appris

Complète avec les bons mots.

1 Certains mots comme « Il était une fois » indiquent le ...... d'une histoire.

2 Pour pouvoir remplacer ou ajouter facilement un mot dans un brouillon, il faut penser à ...... des lignes.

3 Une consigne permet de ...... ce que l'on doit faire.

4 Dans les consignes, le ...... peut être conjugué ou écrit à l'infinitif.

5 Dans un récit, on utilise des ...... ou un tiret pour faire parler les personnages.

Réponses : 1 : début ; 2 : sauter ; 3 : savoir ; 4 : verbe ; 5 : guillemets.

Si tu as plus de 10 bonnes réponses	→ Bravo ! Tout ce que tu sais faire te sera utile pour bien écrire.
Si tu as entre 6 et 10 bonnes réponses	→ C'est bien. Pour améliorer ton score, relis les conseils de ton livre.
Si tu as moins de 6 bonnes réponses	→ C'est moyen. Retourne chercher les bonnes réponses dans ton livre.

6 Le texte que j'ai écrit et que je préfère

Recopie le texte que tu as écrit et que tu préfères.

Mais avant, réfléchis à ces trois choses :

a) Pour qui le recopies-tu ?
b) Avec quoi et sur quoi vas-tu le recopier ?
c) Comment vas-tu le recopier ?

Vive les vacances !

La fin de l'année approche... Jusqu'aux vacances, tu vas lire et découvrir des histoires avec des personnages étonnants comme des monstres, des démons mystérieux...

- Prépare-toi aussi à écrire et à inventer la fin d'une histoire, à changer un personnage...

Bonnes vacances et à bientôt au CE2 !

Période 5

	13 Quels personnages !	14 Les animaux	15 Démons mystérieux
Je lis	Le roi des orthophonistes (1) p. 101 Le roi des orthophonistes (2) p. 102	La dernière danse p. 107 Il fait si froid p. 108	Les démons de la mer (1) p. 113 Les démons de la mer (2) p. 114
Je m'entraîne pour mieux lire	Je lis « h » Je fais les liaisons p. 103	Je lis « en » p. 109	Je lis « ia » et « ai » Je lis « io » et « oi » Je lis des mots difficiles p. 115
J'écris	Je change le personnage d'une histoire p. 103	J'écris, je construis une histoire p. 109	J'écris, j'invente la fin d'une histoire p. 115
Je lis	Le monstre de M. Stravinski p. 104	La toute petite bonne femme, la mouche et le commissaire p. 110	Les démons de la mer (3) p. 116
Je m'entraîne pour mieux écrire	Je repère les personnages d'une histoire p. 105	J'apprends à construire une histoire p. 111	J'invente la fin d'une histoire p. 117
Récréation	Je dessine des animaux fantastiques p. 106	Portrait p. 112	Publicité sur la mer p. 118
Expression orale	Adapter son langage – Donner son avis (2) pp. 119-120		

13 Quels personnages !

Le roi des orthophonistes (1)

Léon n'était pas un python* ordinaire. Il ne sifflait pas comme un bon, comme un gros serpent respectable : « Sssssss... ». Non, il chuintait comme une locomotive ou une cocotte-minute : « Chhhhhhhh... ».

Léon avait beau s'appliquer, ouvrir la bouche comme il faut et placer sa langue correctement, il n'arrivait jamais à siffler. Le pauvre python était si malheureux [...] qu'il perdit complètement l'appétit. Ses belles écailles ternirent* ; il maigrit considérablement. [...]

Un matin, alors qu'il feuilletait le journal, il tomba sur une annonce. Cette annonce disait : « Si vous chuintez ou zozotez, si la vie vous paraît triste, si la vie vous semble sotte, courez chez monsieur Parlotte, le roi des orthophonistes ! »

Le python n'hésita pas une seconde. Il sauta sur son téléphone et prit rendez-vous avec monsieur Parlotte.

Le jour du rendez-vous, Léon mit son plus beau nœud papillon. Il se coiffa et se parfuma. [...]

Quand monsieur Parlotte ouvrit la porte, il s'écria : « Oh, oh, ça n'a pas l'air d'aller ! » Léon secoua la tête et poussa un gros soupir en guise de réponse.

1 Quel est le personnage principal ? Pourquoi est-il malheureux ?

2 Où Léon, le python, trouve-t-il le numéro de téléphone de monsieur Parlotte ?

3 « Il se coiffa... » (l. 17) et « il s'écria... » (l. 18) : est-ce que « il » représente le même personnage ?

4 Qu'est-ce que Léon attend de monsieur Parlotte ?

Le roi des orthophonistes (2)

L'orthophoniste fit asseoir le python. Il lui demanda :

— Alors, qu'est-ce qui ne va pas ?

— Je ne sais pas chiffler ! répondit Léon en tirant sur son nœud papillon.

Monsieur Parlotte fronça les sourcils et dit :

— Sifflez, pour voir !

— Chhhhh ! Chhhhhh ! Chhhhh ! fit Léon en crachant, bavant et postillonnant.

— Ouvrez la bouche et faites Aaaah ! ordonna monsieur Parlotte.

— Aaaaaaaaaaa ! fit le python en ouvrant une bouche énorme !

L'orthophoniste y plongea la tête. Il s'écria :

— C'est normal que vous n'arriviez pas à siffler : votre langue est trop courte !

— Aaaaaaaaaah ? fit Léon.

Monsieur Parlotte se redressa et dit : « Je vais essayer de l'allonger ! » Il empoigna* la langue du serpent et tira de toutes ses forces. Oh ! Hisse ! Oh ! Hisse ! Il tira avec tant d'acharnement que la langue de Léon s'allongea de dix bons centimètres ! L'orthophoniste s'essuya le front car il avait beaucoup transpiré et ordonna :

— Sifflez, maintenant !

— Ssssss ! Ssssss ! Ssssss ! siffla le python.

— Bravo ! Vous sifflez comme un pinson* ! s'écria monsieur Parlotte. [...] Pour fêter votre guérison, je vous invite au restaurant ! Qu'aimeriez-vous manger ?

Léon réfléchit quelques secondes et s'écria : « Des sssssspaghettis à la sssaucccccce tomate, de la ssssalade et un sssssorbet au cccccitron ! »

Marie-Odile Judes, *Le roi des orthophonistes*, *Je lis déjà*, n° 68, avril 1995, © Fleurus Presse.

1. Qu'est-ce qui empêche Léon, le python, de siffler ?
2. Lignes 7 et 11 : pourquoi a-t-on écrit plusieurs fois les lettres « h » et « a » ?
3. Ligne 1 : « Il lui demanda ». Qui parle ? À qui ?
4. À ton avis, Léon a-t-il fait exprès de choisir ce menu ? Pourquoi ?

Pour mieux lire

1 Voici un passage de ton histoire. Relis-le.

Le python n'hésita pas une seconde. Il sauta sur son téléphone et prit rendez-vous chez monsieur Parlotte, l'orthophoniste.

a) Quelle lettre retrouves-tu dans les mots en jaune ?

b) Comment pourrais-tu classer ces mots ?

Quand je vois la lettre « **h** » :

- le plus souvent je ne l'entends pas, comme dans *une heure, un thermomètre, le théâtre, un rhume*... ;
- avec la lettre « **c** », elle donne presque toujours « **ch** » : *une chanson, une écharpe, un bouchon* (mais attention : *une chorale, un orchestre*) ;
- et avec la lettre « **p** », elle donne « **ph** » : *la pharmacie, une phrase, la photographie.*

2 Entraîne-toi à lire les mots suivants en faisant bien les liaisons.

une histoire	des histoires
un habit	des habits
un homme	des hommes

Mais attention :

un hibou	des hiboux
un héros	des héros
une haie	des haies

Je change le personnage d'une histoire

1 Lis ce texte. Avec tes camarades, relève tous les mots et expressions utilisés pour parler du renard.

Le renard, Arthur, est bien paresseux, mais il est le roi des débrouillards. Aujourd'hui il pleut, il a donc envoyé sa femme chasser pour lui. Le petit futé attend patiemment le retour de sa renarde. Mais que va-t-elle lui rapporter ?...

2 Réécris l'histoire en remplaçant « le renard » par « la renarde ». Fais toutes les modifications qui sont nécessaires, puis continue l'histoire.

Le monstre de M. Stravinski

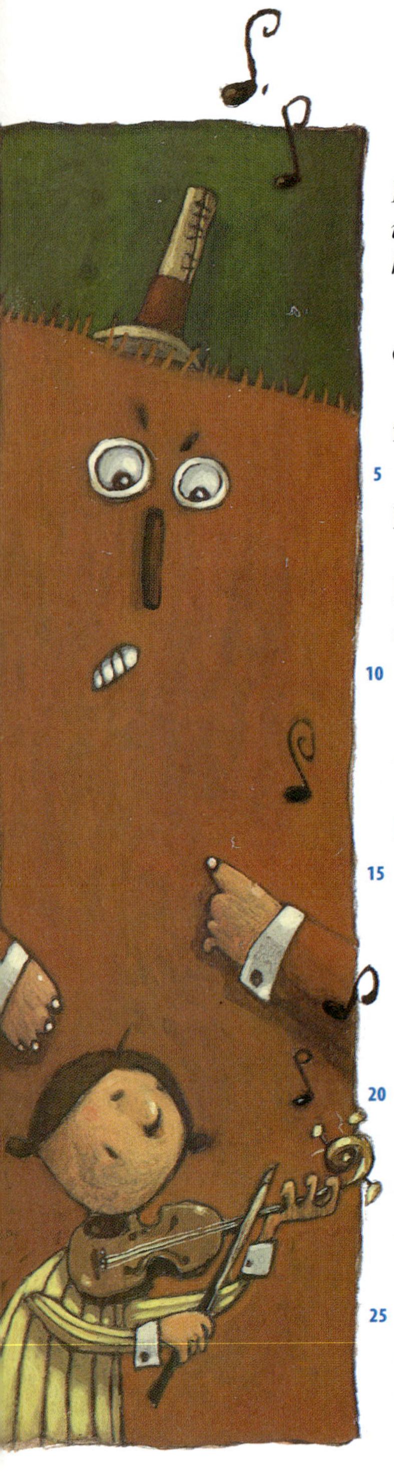

Ignace est un monstre qui se nourrit de la peur des enfants. Il vit dans le placard de monsieur Stravinski qui donne des leçons de violon. Quand un élève accroche son vêtement, il montre sa tête hideuse entre deux cintres.

Un matin, une charmante enfant se hissa sur la pointe des pieds pour saisir un cintre. Ignace se précipita [...].

— Oh ! fit-elle en écarquillant* ses grands yeux, vous m'avez fait peur.

Ignace se lécha les babines à l'idée de déguster la peur de la petite fille.

— Encore un des ces monstres de placard, poursuivit la petite violoniste. Tous les mêmes, prêts à faire n'importe quoi aux enfants pour leur soutirer* un frisson !

Sans se presser, elle accrocha sa veste.

— Permettez que je me présente, dit-elle [...], je m'appelle Albertine.

Ignace en eut le souffle coupé. Cette petite était en train de le fixer sans sourciller*; il faillit s'évanouir.

— Et vous, continua Albertine, comment vous appelez-vous ?

Ignace, sous le choc, s'entendit répondre [...] :

— Mon nom est Ignace.

La voix de monsieur Stravinski résonna dans le salon.

— Que faites-vous donc, Albertine ? Je vous attends, mon petit, pressons, pressons. [...]

Pendant qu'Albertine jouait un petit concerto, Ignace se demandait ce qu'il pourrait bien inventer pour ne pas laisser échapper sa proie. Mais avant de quitter l'appartement, Albertine mit les choses au clair :

— Ne vous fatiguez pas, mon pauvre Ignace, je connais toutes vos ruses et il y a bien longtemps que les monstres ne me font plus peur !

D'après Marie Bataille, *Le monstre de monsieur Stravinski*, © Flammarion.

1. Que vient faire Albertine chez M. Stravinski ?
2. Pourquoi Ignace est-il sous le choc (l. 16) ?
3. « Cette petite » (l. 13) et « mon petit » (l. 20) : de qui s'agit-il ?

Je repère les personnages d'une histoire

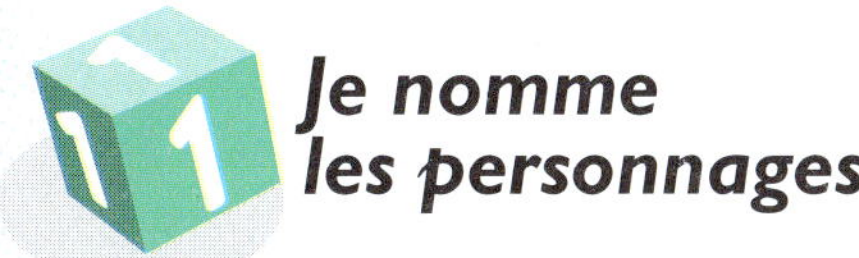

Je nomme les personnages

J'observe

Relis ces phrases extraites du *Monstre de monsieur Stravinski*.

a) Un matin, une charmante enfant se hissa sur la pointe des pieds.
b) Encore un de ces monstres de placard, poursuivit la petite violoniste.
c) Cette petite était en train de le fixer.
d) Et vous, continua Albertine, comment vous appelez-vous ?

Quels sont les mots et expressions utilisés pour parler de la petite fille ?

Pour parler d'un personnage, tu peux utiliser :
- *son nom* (M. Stravinski),
- *son prénom* (Albertine, Ignace…),
- *un groupe de mots* (le garçon, cet élève, la petite musicienne…).

Je m'exerce

a) Recopie les mots ou les groupes de mots que tu pourrais utiliser pour parler d'un chien.

cet animal, l'ami de l'homme, la niche, Médor, la bête, la pâtée, ce bon gardien

b) À ton tour, cherche plusieurs façons de nommer ces personnages.

J'utilise les pronoms

J'observe

Voici deux passages résumés du *Monstre de monsieur Stravinski*.

Ignace est un monstre, il vit dans un placard. Il montre sa tête hideuse et il se régale de la peur des enfants.

Albertine arrive devant le placard, elle se hisse sur la pointe des pieds pour accrocher son manteau. Elle découvre Ignace.

1. Relève les mots qui parlent d'Ignace et d'Albertine.

2. Où ces mots sont-ils placés par rapport aux prénoms en gras ?

Dans une histoire, quand tu as déjà parlé d'un personnage, tu peux utiliser ensuite un pronom : il, elle, ils, elles…
Exemple : Le monstre frappa dans ses mains, puis il disparut.

Je m'exerce

a) Remplace dès que tu peux les prénoms par les pronoms qui conviennent.

Olivier et Céline sont jumeaux. Olivier joue de la musique et Céline chante. Olivier et Céline vont souvent chez monsieur Stravinski.

b) Recopie ce texte dans l'ordre.

Elle vit avec son chat.
Il attrape toutes les souris de la maison.
Ma grand-mère s'appelle Samia.

Je relis, je réécris

Compare le petit texte que tu as écrit (voir p. 103) avec ceux de tes camarades.

1 As-tu modifié le nom de la renarde et les mots pour parler d'elle comme il convient ?

2 Est-ce que tu as employé les bons pronoms ?

Tu peux te reporter :

Je vois, je n'entends pas (2) p. 135.

Le groupe nominal p. 153.

Masculin ou féminin ? p. 156.

Récréation

Je dessine des animaux fantastiques

Voici un crocolion.

Pour réaliser ta collection d'animaux fantastiques :

1. Invente un nouveau nom d'animal à partir de deux animaux connus.

un lapin + une tortue → une latue

un chat + une souris → un charis, etc.

2. Découpe la tête d'un lapin et le corps d'une tortue.
Colle-les ensemble pour faire une latue.

3. Tu peux maintenant dessiner ton animal fantastique et en créer d'autres.

Pistes de lecture

Il était une fois un ogre qui dévorait les enfants. Un jour, la petite Zéralda se rend seule à la ville…

✦Tomi Ungerer,
Le géant de Zéralda,
L'École des Loisirs.

Chaque soir, un vieux monsieur endort les enfants avec du sable qui pique les yeux. Mais Billie en a assez !

✦✦Cornelia Taffin,
Le marchand de sable,
Actes Sud Junior.

14 Les animaux

La dernière danse

Autrefois tous les animaux vivaient ensemble : le lapin avec le renard, la grenouille avec le cochon... et le chat avec la souris ! Quand arrivait le printemps, il y avait un grand bal. Et chacun y venait pour danser durant toute la nuit.

La cigale menait le bal. Elle jouait si bien du violon ! Les danseurs en étaient très contents. Mais ils savaient que la cigale ne pouvait pas s'arrêter... Même quand ils criaient « Assez ! », la cigale n'entendait pas et jouait plus vite.

Et, une nuit, la cigale joua encore plus vite. Les danseurs essoufflés s'arrêtèrent de tourner les uns après les autres. Et bientôt, il ne resta plus sur la piste que le chat et la souris. Ils danseraient encore si le chat, tout à coup, n'avait mis la patte sur le bas de la robe de la souris.

Crac ! La souris perdit sa robe et tomba sur son derrière. Et tous les animaux du bal éclatèrent de rire ! Sauf le chat : il crut que sa cavalière* se moquait de lui. Alors il se mit en colère... Et se jeta sur la souris les griffes dehors ! Mais la souris, tout effrayée et honteuse d'avoir perdu sa robe devant tout le monde, courut se cacher dans un trou du mur !

Depuis cette nuit-là, les souris, quand elles voient un chat, se cachent dans un trou de souris...

« La dernière danse », *Mille ans de contes d'animaux*, © Éd. Milan, 1993.

1 À quelle saison se passait le bal des animaux ? Quel animal jouait du violon ?

2 Relis les lignes 5 à 8. Pourquoi les danseurs s'écrient-ils « Assez ! » ?

3 Le chat fait-il exprès de marcher sur la robe de la souris ?

4 D'après ce texte, pourquoi les souris s'enfuient-elles devant les chats ?

Il fait si froid

L'hiver, dans le parc, il fait très froid, mais cela ne gêne pas Sylvain, le gardien. Il met son gros manteau, sa grande écharpe et deux paires de chaussettes dans ses bottes, puis il sort. Il aime vivre dehors.

Sylvain habite une cabane au milieu du parc. Quand il a vraiment trop froid, il y rentre vite. Il fait bon chez lui. Les animaux du parc connaissent bien la cabane de Sylvain, car c'est là que, chaque jour, il partage avec eux son déjeuner.

Mais, ce soir, le froid est si vif qu'il se met à neiger. Sylvain va à la fenêtre et regarde tomber les jolis flocons.

— Brrr ! dit-il. Je vais me préparer un chocolat bien chaud, ensuite je me mettrai au lit avec une épaisse couverture.

Soudain, on gratte à la porte.

— Qui est-ce, à cette heure-ci ?, se demande Sylvain en allant ouvrir. C'est un écureuil. Il tremble de froid sur les marches.

— Je ne peux pas dormir, Sylvain, dit-il, mon lit est plein de neige.

— Pauvre petit ! Viens. Le mien est assez grand pour deux.

L'écureuil se glisse dans le lit, à côté de Sylvain. Mais il commence à peine à se réchauffer qu'on frappe à la porte.

— Ah ! nous avons de la visite, s'exclame Sylvain.

Cette fois, sous la neige, il y a deux lapins tout frissonnants.

— Il gè-gèle, dit l'un.

— On est ge-gelés, dit l'autre.

— Entrez vous réchauffer, dit Sylvain.

Alors, les lapins s'installent sous les couvertures. Avec l'écureuil et Sylvain, le lit est plein...

Mais pour Sylvain, les visites ne font que commencer...

Nick Butterworth, *Il fait si froid*, © Éd. HarperCollins.

1 Quel est le métier de Sylvain ? Où habite-t-il ?

2 Les animaux du parc connaissent bien sa cabane. Pourquoi ?

3 Lignes 11 à 14 : quel mot indique que Sylvain va être dérangé ?

4 Fais la liste des animaux qui frappent à la porte de Sylvain.

Pour mieux lire

1 Lis ces mots.

ensemble - le renard - il est content - la grenouille - elle menait - il venait - il entendait - encore - la fenêtre - ensuite - il se gêne - il rentre

a) Observe les lettres en rouge. Est-ce qu'elles se prononcent toutes de la même façon ?

b) Classe ces mots en deux groupes et explique ton classement.

c) Cherche d'autres mots pour compléter ton classement.

> Quand je lis « en » :
> - j'entends [ɑ̃] comme dans *un sentier*, *comprendre*, *finalement* ;
> - je n'entends pas [ɑ̃] comme dans *un grenier*, *tenir*, *renoncer*.

2 Attention ! Parfois, on n'entend rien.

une dent - ils décident
il est lent - ils roulent

un parent - ils réparent
il sent bon - ils dansent

il est content - ils racontent
il ment - ils filment

J'écris, je construis une histoire

1 Observe cette image. À plusieurs, imaginez ce qui s'est passé avant et ce qui pourrait se passer après pour raconter une histoire complète.

2 Raconte par écrit une des histoires que vous avez inventées. Respecte bien l'ordre des événements.

La toute petite bonne femme, la mouche et le commissaire

Il y avait une fois une toute petite, petite bonne femme qui avait une toute petite, petite poule. Et la toute petite, petite bonne femme se demandait ce qu'elle allait pouvoir faire pour son déjeuner. Elle se dit :

— Tiens ! Je vais me préparer une toute petite, petite omelette.

Elle alla voir dans le nid de sa toute petite, petite poule, et justement elle y trouva un tout petit, petit œuf. Alors avec ce tout petit, petit œuf, elle fit une toute petite, petite omelette. Et quand la toute petite, petite omelette fut cuite, elle la posa sur le bord de sa toute petite, petite fenêtre pour la laisser refroidir.

Mais une mouche qui passait mangea la toute petite, petite omelette et s'envola. Alors la toute petite, petite bonne femme en colère alla trouver monsieur le commissaire. Elle lui raconta le méchant tour de la mouche et demanda que la voleuse soit arrêtée, puis mise en prison.

Le commissaire donna un gros bâton à la toute petite, petite bonne femme et lui dit :

— Je ne veux pas l'arrêter, je ne veux pas la mettre en prison. Mais quand vous la verrez, je vous permets de lui donner un bon coup de bâton.

Justement, une mouche venait de se poser sur le nez du commissaire. Alors la toute petite, petite bonne femme leva son bâton et pan ! Elle donna un coup de bâton sur la mouche...

Monsieur le commissaire n'avait rien à dire, mais il dut mettre sur son nez un gros emplâtre* pour cacher la grosse, grosse marque noire et bleue que lui avait faite la toute petite, petite bonne femme.

Mathilde Leriche, *Les heures enchantées*, © Armand Colin.

1. Pourquoi la petite, petite bonne femme va-t-elle voir le commissaire ?
2. Pourquoi le commissaire ne peut-il pas se mettre en colère contre elle ?

J'apprends à construire une histoire

J'utilise des petits mots pour enchaîner les actions

J'observe

La cigale joua encore plus vite, alors les danseurs essoufflés s'arrêtèrent les uns après les autres, et bientôt il ne resta plus sur la piste que le chat et la souris.

1. On peut découper cette phrase en trois parties. Lesquelles ?

2. Quels sont les petits mots qui relient ces trois parties ?

Dans une phrase, tu peux utiliser des petits mots qui enchaînent tes idées ou les actions de tes personnages. Par exemple : et, alors, mais, puis, bientôt...

Je m'exerce

a) Lis les phrases suivantes, puis enchaîne-les deux par deux en utilisant un petit mot.

b) Compare avec un(e) camarade. Il y a parfois plusieurs réponses possibles.

1. Il fait froid.
Je mets mon bonnet.
2. Ce matin, le soleil brille.
Martin ira à la pêche.
3. Je suis arrivé(e) en retard.
La porte de la classe était fermée.
4. Loïc est tombé de vélo.
Il ne s'est pas blessé.

Je comprends le sens des petits mots

J'observe

a) J'ai joué, ensuite j'ai travaillé.
b) Je joue car j'ai bien travaillé.
c) Le soir, je joue ou je travaille.

1. Dans chaque phrase, repère le petit mot qui permet d'enchaîner les actions « jouer » et « travailler ».

2. Parmi ces petits mots :
- lequel est suivi d'une explication ?
- lequel t'indique une suite d'actions ?
- lequel t'indique un choix, une opposition ?

Parmi les petits mots qui t'aident à enchaîner des idées, des actions,
- certains indiquent une succession : puis, ensuite, après... ;
- d'autres donnent des explications : car, parce que... ;
- d'autres indiquent un choix ou une opposition : ou, mais...

Je m'exerce

a) Complète les phrases avec les mots suivants : mais - ensuite - car.

1. Céline rentre à la maison, ... elle goûte devant la télévision.
2. Le docteur est venu, ... Samia est malade.
3. Louis voudrait apprendre à nager, ... il a peur de l'eau.

b) Choisis le bon mot.

1. Léa n'aime guère le foot, (donc - et - car) encore moins le rugby.
2. Rémi s'est cassé la jambe. Il ne peut plus aller à la piscine, (et - mais - puis) sa mère l'oblige à aller à l'école.
3. Quand je serai grand, je voudrais être aviateur (donc - car - ou) pompier.

Je relis, je réécris

Reprends l'histoire que tu as écrite (voir p. 109) et relis-la.

1 As-tu utilisé des petits mots pour raconter la suite des actions et des événements ? Si tu introduis des petits mots dans ton texte, n'utilise pas toujours les mêmes ; essaie de varier.

2 Fais attention au sens que ces petits mots peuvent donner à tes phrases et à ton histoire.

3 Maintenant, tu peux lire ton histoire à tes camarades.

Tu peux te reporter :

Des mots invariables p. 137.

Des expressions imagées p. 181.

Récréation

Portrait

Complète avec les noms des animaux dessinés.

Bidibul est un drôle de petit garçon. À l'école,
il a un caractère de ...... et c'est une tête de ....
Il ne tient pas en place, car il a des ......
dans les jambes. Il est bavard comme une ......
et, pour un rien, il verse des larmes de ....
Mais heureusement pour lui, il a une mémoire d'...... !

Pistes de lecture

Charlotte rencontre un chien étrange, tout bleu.
Ils deviennent amis.

Nadja,
Chien bleu,
L'École des Loisirs.

Plume, un petit ours polaire, voyage sur un iceberg jusqu'en Afrique. Il rencontre d'autres animaux...

Hans de Beer,
Le voyage de Plume,
Éd. Nord-Sud.

Démons mystérieux

Les démons de la mer (1)

Théo avait trouvé au bord de la plage une mystérieuse bouteille, fermée par un gros bouchon de liège et de la cire. Au moment où il allait l'ouvrir, pépé Alphonse, un vieux pêcheur, lui cria :

— Ne fais surtout pas ça, malheureux ! [...]

— Pourquoi il ne faut pas l'ouvrir ? s'étonna Théo. Qu'est-ce que c'est ?

— C'est une fiole* à turbulon, chuchota le vieux. Les turbulons sont des êtres maléfiques*, des démons de la mer... Et les pires qui soient ! Ils se cachent dans ces bouteilles et dérivent* au gré des flots jusqu'à ce que quelqu'un les trouve ! Heureusement ils sont très rares. De toute ma vie je n'en ai vu qu'un seul. Et c'était il y a plus de soixante-dix ans...

Pépé Alphonse se tut, Théo fronça les sourcils. C'était tout ? Le vieil homme n'allait pas en dire davantage ? [...]

— Et alors ? demanda Théo.

— Tu voudrais bien entendre la suite, hein ? Tu voudrais bien connaître mon histoire, n'est-ce pas ?

— Ben... oui !

— Tu es certain ? Tu en es vraiment certain ?

Le garçon hocha la tête, vaguement impressionné. Pépé Alphonse semblait hésiter.

Enfin il se lança...

1. Comment s'appellent les deux personnages de l'histoire ?
2. Que peut-on trouver dans la mystérieuse bouteille ?
3. Ligne 15, pourquoi Théo fronce-t-il les sourcils ?
4. Y a-t-il une suite à ce récit ? Comment le sais-tu ?

Les démons de la mer (2)

— Eh bien, voilà, à cette époque-là j'étais tout jeune. Mais je travaillais déjà dur, tu sais. Mes frères et moi étions pêcheurs. Un soir en remontant les filets, j'ai trouvé, au milieu des poissons, une petite fiole de verre sombre, fermée par un bouchon de liège. [...] En voyant la fiole, Pierre, mon frère aîné, s'est écrié que c'était une fiole à turbulon et qu'il fallait la rejeter à l'eau, sous peine de malheur. Yves, mon plus jeune frère, l'a traité d'idiot et de peureux. Il m'a arraché la fiole des mains et l'a secouée dans tous les sens. Elle faisait « Tingueling ! Tingueling ! » En riant, il a fracassé* la bouteille contre le bastingage*.

— Et alors ? souffla Théo, fasciné.

— Alors... On a vu jaillir de la fiole un horrible petit diable vert, tout ratatiné. [...] Il avait une queue fourchue, des pieds palmés, des yeux rouges comme des braises. Il a éclaté d'un rire épouvantable en nous montrant du doigt, puis il a plongé dans l'eau !

— Et ensuite ? murmura Théo.

— Un vent infernal s'est levé soudain. Le ciel est devenu plus noir que l'encre. Sans doute rendus fous par ce maudit turbulon, mes frères ont commencé à s'insulter et à se battre. Une tempête effroyable s'est abattue sur nous. D'énormes vagues s'écrasaient sur le pont, le bateau craquait de tous les côtés... Puis un éclair terrible a pulvérisé* le grand mât. Et le bateau a chaviré...

1 Comment s'appellent les trois frères ?

2 Pourquoi l'aîné veut-il jeter la fiole ?

3 Pourquoi le jeune frère casse-t-il la bouteille ?

4 Qui provoque la tempête ?

5 À quoi vois-tu que Théo, le petit garçon, a envie de connaître le récit du vieil homme ?

Pour mieux lire

1 Lis attentivement les mots suivants.

un diable	un idiot	un dromadaire	un doigt
un piano	une fiole	la paix	la foire
un aviateur	un violon	c'est mauvais	une voiture

- Je ne confonds pas « ia » et « ai » : *une miniature, la monnaie.*
- Je ne confonds pas « io » et « oi » : *la radio, un roi.*

2 Entraîne-toi à lire les mots suivants.

mystérieux → mystérieusement
affectueux → affectueusement
malheureux → malheureusement
astucieux → astucieusement
effroyable → effroyablement
véritable → véritablement
différent → différemment
prudent → prudemment

J'écris, j'invente la fin d'une histoire

1 Relis les lignes 13 à 25 du texte, page 114.
À plusieurs, imaginez ce qui aurait pu arriver si Théo avait ouvert la bouteille.
Recherchez oralement plusieurs possibilités.
Vous pouvez vous inspirer des deux exemples suivants :

- Le turbulon traite Alphonse de menteur ; Théo croit le turbulon.
Le turbulon propose alors à Théo de réaliser un de ses vœux.
- À peine sorti de la fiole, le turbulon hurle qu'il a faim.
Il se précipite sur Alphonse. Théo sauve le vieil homme en assommant le turbulon avec la bouteille.

2 Choisis une des idées que vous avez trouvées et écris la fin de cette histoire.

Les démons de la mer (3)

— J'ai dérivé pendant des semaines, agrippé à ce qui restait de l'épave*. Lorsque le courant m'a enfin ramené chez moi, tout le monde me croyait mort; et je n'ai plus jamais revu mes frères.

Théo, désemparé, regardait la fiole en se demandant ce qu'il allait bien pouvoir en faire.

— Si je la remettais à l'eau ? suggéra-t-il.

— Enterrons-la bien profond, pour que personne ne puisse la trouver. Personne, tu comprends, dit Alphonse.

Le vieil homme et l'enfant firent un grand trou dans le sable. Ils y jetèrent la fiole, et couvrirent le tout d'un épais matelas d'aiguilles de pin.

Le soir même Théo raconta toute l'histoire à son père.

— Pépé Alphonse ? Pauvre vieux... Depuis qu'il a perdu tous ses frères dans un naufrage, quand il était gamin, il paraît qu'il est un peu dérangé* !

— Alors ça n'existe pas, des turbulons ? demanda Théo.

— Bien sûr que non ! Ce sont des bêtises !

— Pourtant... il y avait « quelque chose » dans la fiole ! Je te jure ! insista Théo d'une voix mal assurée.

Son père haussa les épaules. Dans un demi-sourire, il dit :

— Bon, si tu y tiens tellement, nous irons la déterrer demain, ta fameuse fiole ! Après tout, moi aussi j'aimerais bien voir la tête qu'il a ce turbulon vert !

Le lendemain, lorsqu'ils arrivèrent à l'endroit où avait été enterrée la fiole, il y avait un trou. La bouteille était posée non loin de là. Vide. Son bouchon avait disparu... Mais l'on voyait distinctement, dans le sable, de toutes petites traces qui descendaient vers la mer. Comme l'empreinte de minuscules pieds palmés.

Marie-Sabine Roger, *Les démons de la mer*, coll. Superscope, © Nathan.

1 Théo et Alphonse enterrent la fiole. Pourquoi ?

2 À la fin, est-ce que Théo et son père croient que les turbulons existent ? Et toi ?

J'invente la fin d'une histoire

Je repère les événements importants

J'observe

Voici des événements des textes que tu as lus. Relis-les.

Texte 1, p. 113 :
a) Théo trouve une mystérieuse bouteille au bord de la mer.
b) La bouteille est fermée par un bouchon de liège.

Texte 2, p. 114 :
a) Un jour, Alphonse trouve une fiole en pêchant.
b) La fiole s'est cassée et un horrible petit diable a jailli.

Pour chaque texte, choisis l'événement le plus important pour la suite du récit.

Dans un récit, il y a souvent un événement important ou inattendu qui modifie la suite de l'histoire. C'est à partir de cette situation nouvelle que tu peux inventer la fin de l'histoire.

Je m'exerce

a) Dans cette histoire, retrouve les événements importants qui changent la suite de l'histoire.

b) Invente la fin de l'histoire.

Qu'elle était jolie la petite chienne de monsieur Hector, avec ses moustaches de sous-officier !
Quand la petite chienne arriva dans la maison, ce fut un ravissement général.
Ce soir-là, monsieur Hector avait oublié de refermer la fenêtre de la cuisine.
Soudain, la petite chienne se retourna et vit l'énorme chien.

Je termine une histoire

J'observe

a) Après avoir déposé tout son courrier, le facteur rentre chez lui.
b) Après sa victoire contre le géant, le petit homme rentra dans son village et fut accueilli comme un héros.
c) Depuis ce temps-là, le chien est devenu le meilleur ami de l'homme.
d) Depuis lundi, Max sait faire du vélo.

Parmi ces quatre phrases, quelles sont celles qui conviennent le mieux pour la fin d'une histoire ?

Souvent, une histoire se termine par une phrase ou un paragraphe qui raconte la fin des aventures des personnages, ou qui explique que tout se termine bien.

Je m'exerce

Voici le début d'une histoire.

Il était une fois un chevalier très courageux. Dans son village, les paysans avaient peur d'un dragon qui vivait caché dans la forêt. Un jour, le chevalier aperçut l'énorme dragon.

Parmi ces propositions, choisis celles qui pourraient le mieux convenir pour terminer l'histoire.

1. Le chevalier continua à chercher des champignons pour faire une omelette.
2. Le chevalier tua le dragon avec son épée. Depuis les villageois peuvent se promener sans peur dans les bois.
3. Le dragon demanda au chevalier quelle heure il était, puis il s'en alla.
4. Le chevalier attrapa le dragon et le livra au roi. Pour remercier le chevalier, le roi lui offrit une armure en or.

Je relis, je réécris

Avec un(e) camarade, échangez les textes que vous avez écrits pour raconter la fin de l'histoire de Théo et Alphonse (voir p. 115).

1 Est-ce qu'il y a bien un événement inattendu qui modifie la suite de l'histoire dans le texte de ton (ta) camarade ?

2 À la fin de son récit, sais-tu si les aventures des personnages sont finies ou si l'histoire se termine ?

3 Ensemble, vous pouvez réécrire certains passages.

Tu peux te reporter :

Conjuguer au passé composé p. 161.

Le singulier ou le pluriel dans la phrase p. 162.

Récréation

Dans les profondeurs lointaines d'une galaxie,
Sur les vagues de l'espace infini,
Ils sont les passagers d'un vaisseau merveilleux que nous appelons la Terre...

Pistes de lecture

Oumar et Marcel, les deux derniers de la classe, deviennent un jour les premiers... Étonnant !

Thierry Jonquet, *On a volé le Nkoro-Nkoro*, Syros.

Odilon n'aime pas les livres. Un jour, dans la librairie de son père, il surprend un curieux voleur...

Éric Sanvoisin, *Le buveur d'encre*, Demi-lune, Nathan.

Expression orale

Adapter son langage

Pedro est avec Sébastien dans les vestiaires, avant un match de foot.

1 Dans les vignettes 1 et 2, Pedro et Sébastien disent « godasses » et « piquer ».
Quels sont les mots utilisés à la place dans les vignettes 3 et 4 ?

2 Dans la vignette 1, Pedro et Sébastien disent « T'as pas vu... ? » et « T'as qu'à chercher ! »
Ces phrases sont-elles correctes ? Que devraient-ils dire ?

3 Compare maintenant ces deux phrases avec celles des vignettes 3 et 4.

4 Cherche d'autres différences entre les deux façons de parler.

À un(e) ami(e), tu peux dire : « ***Salut ! Ça va ? T'as pas vu... ?*** »
Trouve d'autres expressions du même genre, puis transforme-les pour t'adresser à une personne que tu ne connais pas.

- **Jouez la scène à trois :** un élève est Pedro, un autre Sébastien, le troisième l'entraîneur.
- **Inventez un dialogue** à partir de l'histoire suivante : tu ne retrouves plus ton vélo.

Tu demandes d'abord à un(e) ami(e), ensuite à un agent de police, s'ils ont vu ton vélo.
Choisissez la façon de parler qui convient le mieux à chaque personnage, puis jouez la scène.

Donner son avis (2)

1 Qu'est-ce qu'on me montre ?

- Que représente cette peinture de Robert Delaunay ?
- De quelle couleur est la tour ?
- Qu'y a-t-il tout autour ?
- Qu'est-ce que tu reconnais ? Qu'est-ce que tu imagines ? (Par exemple des immeubles, des rues...)

2 Qu'est-ce que je ressens ?

- Parmi les adjectifs suivants, quels sont ceux que tu utiliserais pour parler de cette peinture ? Tu peux en trouver d'autres.

Je la trouve bizarre, extraordinaire, surprenante...

- Compare maintenant avec la vraie tour Eiffel (sur la photographie).

Je la trouve plus joyeuse, moins solide, plus étrange...

● Chaque élève dessine la tour Eiffel, fait un collage ou la colorie à partir d'une photocopie.

Par groupes, classez vos images en choisissant des adjectifs qui décrivent le mieux les dessins : par exemple *des tours grandes/petites, joyeuses/tristes, colorées/sombres, solides/fragiles...*

● Puis chaque élève désigne l'image qu'il préfère et explique pourquoi : *J'aime cette image parce que...*

N'oublie pas de te reporter aussi aux aide-mémoire et aux tableaux à la fin de ton livre.

Dans cette partie de ton livre, j'ai coloré les pages pour que tu t'y retrouves plus facilement. Par exemple, dans les pages bleues, je vais t'apprendre à écrire correctement les mots.

Écrire les mots

Bien dire, bien écrire

J'OBSERVE

Prends le temps d'observer et de réfléchir avant de répondre.

- Tiki a écrit une drôle de pancarte. Essaie de la lire.
- Comment Tiki a-t-il fait pour écrire sa pancarte ?
- Pourrait-on écrire une longue phrase de cette façon ?
- Choisis la bonne étiquette pour corriger la pancarte.

C'est carré ! — C'est cassé ! — Il est cassé !

JE COMPRENDS

Voici ce que tu dois retenir.

- Quand on écrit, on se sert des lettres de l'alphabet pour former des mots ou des parties de mots.
- Avec ces mots, on forme des phrases.

JE M'EXERCE

Te voilà prêt pour faire les exercices.

1 ✦ **Réécris correctement ces mots.**

KKO : ....
FAC : ....
BB : ....
ÉT : ....

Pour cet exercice, fais équipe avec un(e) camarade.

2 ✦✦ **Par groupe de deux, essayez de construire le plus de mots possible à l'aide de ces parties de mots. L'équipe qui en a trouvé le plus a gagné.**

ma - teau - peau - man - pa - cha - lin - rin.

À toi de chercher !

1. Comment fais-tu pour retrouver très vite les pages où Tiki t'apprend à construire des phrases et à utiliser des verbes ?
2. À quoi reconnais-tu les exercices que tu peux faire avec un(e) camarade ?

1 Bien écrire, bien comprendre (1)

J'OBSERVE

Machèretortue,
jet'inviteàmonanniversaire. Viens,
ilyauradesgâteaux,j'espèrequetu
n'oublieraspasmoncadeau.
Grossesbises.
TonamiTiki.

Ma | chère | tortue ,
je | t' | invite
à | mon | anniversaire .

- **La tortue n'arrive pas bien à lire la lettre que Tiki lui a envoyée. Pourquoi ?**
- **Qu'a fait la tortue pour comprendre ce qui est écrit ?
Aide-la à continuer.**

JE COMPRENDS

- Pour comprendre la lettre de son ami Tiki, la tortue a séparé les mots.
- Pour bien se faire comprendre quand on écrit, on doit **séparer les mots** et on doit faire attention à écrire les mots de la bonne manière.

JE M'EXERCE

1 ✦ Tiki a mal découpé certains mots. Aide-le à corriger ses erreurs.

a) J'ai perdu unedent.
b) Ton dessin esttr èsbeau.
c) Le chien dortda nssa niche.
d) Le croco dilesaute sur une antilope.

2 ✦✦ Sépare les mots correctement.

a) Monpetitchatdortsurmonlit.
b) Nousallonsàlamaison.
c) Jesaislire.
d) Papaaimelesgâteaux.

3 ✦✦ Recopie les phrases en séparant correctement les mots.

a) La tortuenecomprendpaslalettre.
b) Lanuitesttombée.
c) Micheljoueavecmoi.
d) Mamanvientmechercher.

4 ✦✦✦ Par groupe de deux. Un élève choisit une phrase dans le texte *Chats et souris* page 14 et l'écrit en attachant les mots. L'autre élève la réécrit correctement. Puis inversez les rôles.

2 Bien écrire, bien comprendre (2)

J'OBSERVE

Mon chair Tiki,
je viendrai à ton anniversaire, le vin septembre.
Nous mangerons un bon bateau. Je n'oublierai pas ton cadeau. Je t'offrirai un petit gâteau à voiles.
La tordue.

- **Est-ce facile pour Tiki de comprendre la lettre de la tortue ? Pourquoi ?**
- **Aide Tiki à corriger la lettre avec les étiquettes qui conviennent.**

bateau | tortue | cher | vingt | gâteau

JE COMPRENDS

- Pour se faire comprendre, la tortue doit **écrire les bons mots.**
- Certains mots se ressemblent, mais on n'entend pas la même chose et on n'écrit pas la même chose.
Exemples : *tordue* et *tortue* / *gâteau* et *bateau*.
- Certains mots se ressemblent : on entend la même chose, mais on n'écrit pas la même chose.
Exemples : *vin* et *vingt* / *moi* et *mois* / *toi* et *toit*.

JE M'EXERCE

1 ✦ Dans chaque phrase, Tiki a écrit un mot qui ne convient pas. Retrouve-le et remplace-le par un des mots suivants :
bol, sable, chapeau, bouche.

a) Marion a mis son château sur la tête.
b) Léa boit dans son col.
c) Michel a fait un château de table.
d) On ne parle pas la louche pleine.

2 ✦✦ Choisis le mot qui convient.

a) J'ai attrapé une (bouche/mouche).
b) Ma sœur est une petite (fille/bille).
c) Je suis descendu dans la (bave/cave).
d) Le petit (singe/signe) grimpe dans l'arbre.

3 ✦✦✦ Choisis le bon mot.

a) À quatre heures, j'ai très (faim/fin).
b) Maman raconte la (faim/fin) de l'histoire.
c) J'ai une (dans/dent) qui bouge.
d) Je plonge (dans/dent) la piscine.
e) J'ai lu un (compte/conte) magnifique.
f) Je (compte/conte) sur mes doigts.

3 J'entends, je vois

J'OBSERVE

Il était une fois une chèvre qui avait sept petits chevreaux. Un jour qu'elle voulait aller dans la forêt pour en rapporter de quoi manger, elle dit au plus âgé : « Mon **bon** petit, je vais dans la forêt. Prends bien garde au loup. S'il entre, il vous dévorera et j'aurai trop de peine. » Le petit chevreau répondit : « **Bonne** maman, nous ferons très attention. »

D'après un conte des frères Grimm.

- **Quel son entends-tu dans tous les mots en rouge ? Vois-tu toujours la lettre « o » ?**
- **Quel son entends-tu dans tous les mots en bleu ? Vois-tu toujours la lettre « è » ?**
- **Dans les deux mots en gras, tu vois « on ». Entends-tu le son [ɔ̃] de *bonbon* dans ces deux mots ?**

JE COMPRENDS

- Dans certains mots, **on entend le même son** mais il ne s'écrit pas toujours avec les mêmes lettres.

Exemples : Dans les mots *chevreau* et *forêt*, j'entends le son [o].
Dans les mots *chèvre*, *forêt*, *voulait* et *peine*, j'entends le son [ɛ].

- Dans certains mots, **on voit les mêmes lettres** mais on n'entend pas le même son.

Exemple : *bon*, *bonne*.

JE M'EXERCE

1 ✦ Chasse l'intrus dans chaque liste.

a) gigot, gros, oiseau, zéro, repos.
b) saut, mauvais, haut, rocher, faux.
c) règle, pêche, mère, sirène, mèche.

2 ✦✦ Chasse l'intrus dans chaque liste.

a) rond, blond, fond, mignonne.
b) grain, copain, laine, nain, main.
c) matin, machine, vingt, malin, fin.

3 ✦✦✦ Classe dans le tableau les mots où tu entends le son [ɛ] de *chèvre*.

Une fourmi de dix-huit mètres
Avec un chapeau sur la tête,
ça n'existe pas, ça n'existe pas.

Une fourmi traînant un char
Plein de pingouins et de canards,
ça n'existe pas, ça n'existe pas.

Robert Desnos, *Chantefleurs et Chantefables*, *Contes et poèmes de toujours*,

je vois « è »	je ne vois pas « è »

4 J'entends le son [o]

Écrire les mots

J'OBSERVE

un veau

une autruche

une otarie

- **Lis les étiquettes. Quel son entends-tu dans chacun de ces mots ?**
- **Aide Tiki à classer les étiquettes dans le tableau.**

je vois la lettre « o »	je ne vois pas la lettre « o »
••••	••••

- **Dans les mots de la deuxième colonne, comment s'écrit le son [o] ?**

JE COMPRENDS

• **Le son [o] peut s'écrire** de trois façons :
– avec la lettre **« o »** → **Exemples :** *une **o**tarie, un vél**o**.*
– avec les lettres **« au »** → **Exemples :** *une **au**truche, une **au**to.*
– avec les lettres **« eau »** → **Exemples :** *un v**eau**, un gât**eau**.*

JE M'EXERCE

1 ✦ **Chasse l'intrus dans chaque liste.**

a) un pot, un bibelot, un manteau, un mot.
b) une taupe, un sot, une pause, un étau.
c) un tonneau, de l'eau, un bureau, haut.

2 ✦✦ **Entoure la lettre ou les lettres qui forment le son [o] dans ce texte.**

Johann habite dans un pays très beau et très chaud. Pour se rafraîchir, il tire de l'eau d'un puits profond.

3 ✦✦✦ **Classe en trois colonnes les mots dans lesquels tu entends le son [o].**

Tu vois « o »	Tu vois « au »	Tu vois « eau »

La mer restait au loin et le château du jeune prince trônait sur le sable. Tout allait bien sauf que le bateau restait immobile au fond des douves où le prince l'avait déposé. « Je devine bien ce qui te manque, mon pauvre bateau » songeait le prince.

René Guichoux, *Le tout-jeune prince, la mer et le château de sable*, © Milan, 1991.

5 J'entends les sons [s] et [z]

J'OBSERVE

Zorro approcha avec précaution et traça un « Z » sur la porte de la caserne avec son épée. Les soldats sortirent avec leurs fusils et leurs munitions, mais il avait déjà disparu. Cela leur paraissait vraiment surprenant. Le sergent commençait lui aussi à croire que Zorro était un peu magicien.

◆ **Quel son entends-tu dans chacun des mots en bleu ? Aide Tiki à classer ces mots dans le tableau.**

je vois « s »	je vois « ss »	je vois « c »	je vois « ç »	je vois « t »
••••	••••	••••	••••	••••

◆ **Quel son entends-tu dans chacun des mots en vert ? Aide Tiki à classer ces mots dans le tableau.**

je vois « s »	je vois « z »
••••	••••

JE COMPRENDS

• **Le son [s] peut s'écrire** de cinq façons :

	« s »	« ss »	« c » devant « e » ou « i »	« ç » devant « a », « o » ou « u »	« t » devant « i »
Exemples :	*un soldat*	*casser*	*un prince, un magicien*	*il traça, un garçon*	*la récréation*

• **Le son [z] peut s'écrire** de deux façons :

	« s » entre deux voyelles	« z »
Exemples :	*une caserne, une maison*	*Zorro, un zèbre*

JE M'EXERCE

1 ✦ Chasse l'intrus dans chaque liste.

a) une classe, une danse, pousser, ramasser.

b) une valse, la soupe, le soleil, la mousse.

c) une cible, le prince, un maçon, une trace.

2 ✦ Classe les mots suivants en deux colonnes.

une fraise - du sucre - la salade - une valse - une bise - une rose

j'entends [s] et je vois « s »	j'entends [z] et je vois « s »

Écrire les mots — l'orthographe

6 J'entends le son [ɛ]

J'OBSERVE

Une épaisse couche de neige recouvre le jardin. À travers la fenêtre, Minet aperçoit un moineau sur la branche d'un chêne ; l'oiseau bat des ailes. Il a de la peine à s'envoler. Minet est en colère car il voudrait l'attraper. Il se console en jouant avec sa pelote de laine.

- **Quel son entends-tu dans tous les mots en bleu ? S'écrit-il toujours de la même façon ?**
- **Tiki a commencé à classer ces mots dans le tableau. Continue.**

épaisse, ...	neige, ...	colère, ...	fenêtre, ...	Minet, ...

JE COMPRENDS

- **Le son [ɛ] peut s'écrire :**

	« ai »	« ei »	« è »	« ê »	« e » devant une consonne
Exemples :	*épaisse*	*la neige*	*la colère*	*un chêne*	*Minet, avec*

JE M'EXERCE

1 ✦ Recopie le texte, puis entoure les mots dans lesquels tu entends le son [ɛ].

Michel a bu son lait. Il se peigne, met son chapeau sur la tête pour cacher ses mèches et part pour l'école avec son ami Marcel.

2 ✦ Classe les mots suivants dans le tableau.

du lait, la crème, un poème, seize, la fête, une enseigne, une flèche, une vingtaine, une bête

« ai »	« ei »	« ê »	« è »

3 ✦✦ Chasse l'intrus dans chaque liste.

a) la plaine, du pain, la craie, vrai.
b) la reine, une veine, plein, pleine.
c) un béret, sec, chef, chevalier.

4 ✦✦✦ Complète avec un mot contenant le son [ɛ]. Tu peux utiliser ton dictionnaire.

a) Nous allons chercher des livres dans la .... .
b) Dans le poisson, il y a des .... .
c) Les oiseaux ont des .... pour voler.
d) Onze et deux font .... .
e) Quatre et trois font .... .

7 J'entends le son [k]

J'OBSERVE

un .... un .... un .... un ....

coq — crocodile — phoque — kangourou

- Trouve l'étiquette qui va sous chaque dessin.
- Quel est le son que Tiki a colorié en bleu dans ces étiquettes ?
- Classe ces mots dans le tableau. Classe ensuite les mots *perroquet*, *toucan*, *koala*.

je vois « c »	je vois « qu »	je vois « k »	je vois « q »
....	....	....	....

JE COMPRENDS

- **Le plus souvent, le son [k] s'écrit :**

	« c » devant « a », « o », « u » ou devant une consonne	**« qu »**
Exemples :	*calme, un crocodile*	*un perroquet, un phoque*

- **Parfois, il s'écrit :**

	« k »	**« q »** à la fin d'un mot
Exemples :	*un kangourou, un koala*	*un coq, cinq*

JE M'EXERCE

1 ✦ **Recopie les phrases, puis entoure les mots où tu entends le son [k].**

a) Michel a enfilé son anorak.
b) Nous nous sommes baignés dans un lac.
c) Paris est la capitale de la France.
d) Le maître pose des questions.

2 ✦✦ **Les mots en gras contiennent le son [k]. Complète-les comme il convient.**

a) J'ai attrapé un **..rabe** sur la plage.
b) Avec mes amis, nous avons écouté un **dis..e**.
c) J'ai grossi, je pèse trente **..ilogrammes**.

Écrire les mots — l'orthographe

8 J'entends le son [j]

J'OBSERVE

Camille rêvait de voyages. À la fenêtre, elle observait une abeille qui se chauffait aux rayons du soleil. La bestiole s'envola et vint se poser sur son cahier. La petite fille la chassa avec son crayon et se remit au travail.

- Quels sons entends-tu dans tous les mots en bleu ?
- Tiki a commencé à classer ces mots dans le tableau. Continue.

je vois « ill »	je vois « il »	je vois « y »	je vois « i »
Camille, ...	travail, ...	voyage, ...	bestiole, ...

JE COMPRENDS

- **Le son [j] peut s'écrire :**

	« ill »	« il » à la fin d'un mot masculin	« y »	« i » devant une voyelle
Exemples :	*une fille*	*le soleil*	*un crayon*	*un cahier*

- Attention aux mots *mille*, *tranquille*, *ville*.

JE M'EXERCE

1 ✦ **Recopie ces mots qui contiennent le son [j] dans le tableau.**

une quille, le mien, une abeille, joyeux, le papier, un bataillon, le bétail, un ingénieur, le brouillard

ill	il	y	i devant une voyelle

2 ✦✦ **Chasse l'intrus dans chaque liste.**

a) grille, taille, ficelle, oreilles.
b) ville, famille, volaille, bille.
c) rayer, ennuyer, yeux, bicyclette.

3 ✦✦ **Écris le verbe de la même famille.**

a) le travail → travailler
b) le réveil → ....
c) un conseil → ....

4 ✦✦✦ **Complète les mots avec « ill », « il », « y » ou « i ».**

a) Muriel a bala..é la classe.
b) L'écureu.. a une jolie queue.
c) J'ai appris à jouer du p..ano.
d) Je fais mes exercices sur mon cah..er de brou..on.
e) Je dessine sur une feu..e de pap..er.

9 La lettre « g »

J'OBSERVE

Derrière un gros buisson, le loup attend. Sa grande langue pend. Il guette le petit Chaperon rouge. Mais quand il voit la petite fille qui paraît si gentille et si fragile avec sa galette, il change d'avis. Il court alors chez la grand-mère.

- **Les mots en bleu contiennent tous la même lettre. Laquelle ?**
- **Tiki a commencé à classer ces mots dans un tableau. Lis les mots à voix haute et continue.**

j'entends le son [g] de *gâteau*	j'entends le son [ʒ] de *luge*
gros, langue, ...	rouge, gentille, ...

JE COMPRENDS

- **La lettre « g » se prononce [g]** devant toutes les lettres sauf « e » ou « i ».

Exemples : *une galette, gros.*

Pour faire [g] devant un « e » ou un « i », on ajoute un « u ».

Exemples : *il guette, un guidon.*

- **La lettre « g » se prononce [ʒ]** quand elle se trouve :

– devant la lettre « e » ⟶ ***Exemple :*** *rouge.*

– devant la lettre « i » ⟶ ***Exemple :*** *fragile.*

Pour faire [ʒ] devant les autres lettres, on ajoute un « e » muet.

Exemple : *il changea d'avis.*

JE M'EXERCE

1 ★ Recopie les phrases et entoure la lettre « g » quand elle se prononce [g].

a) Un grand garçon sonne à la grille.
b) Un géant grimpe au sommet de la muraille.
c) Gaston fait de la luge.
d) Le guide nous fait visiter la grotte.

2 ★★ Chasse l'intrus dans chaque liste.

a) garçon, gros, magique, longue, ongle.
b) large, plage, magie, cigale, agiter.

3 ★★★ Complète avec « g » ou « gu ».

a) Le chat ..ette la souris.
b) Michel joue de la ..itare.
c) La température est basse, il ..èle.
d) Le sin..e saute d'un arbre à l'autre.

4 ★★★ Recherche, dans le texte *Les malheurs de César* page 36, quatre mots contenant la lettre « g ». Classe ensuite tes mots dans le tableau.

j'entends [g]	j'entends [ʒ]

Écrire les mots – l'orthographe

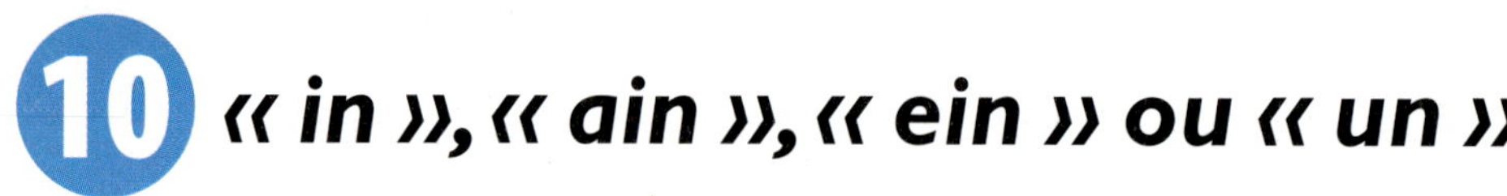

10 « in », « ain », « ein » ou « un »

Écrire les mots

J'OBSERVE

Demain, lundi, Alain va jouer chez son voisin Justin. Il apportera un sac plein de billes. Justine, la voisine d'en face, sera là aussi. Comme toujours, elle aura les poches pleines de bonbons. Ils s'amuseront beaucoup, c'est certain !

- **Quel son entends-tu dans tous les mots en bleu ?**
- **Aide Tiki à classer ces mots dans le tableau.**

je vois « in »	je vois « ain »	je vois « ein »	je vois « un »
....	....	....	....

- **Observe les mots en rouge. Entends-tu toujours le son [ɛ̃] ?**

JE COMPRENDS

- **Le son [ɛ̃] peut s'écrire :**

	« in »	« ain »	« ein »	« un »
Exemples :	*dessin, voisin*	*Alain, pain*	*plein, frein*	*lundi, brun*

- Attention, quand on ajoute une voyelle, on n'entend plus le son [ɛ̃].
Exemples : Justin/Justine ; patin/patinage ; plein/pleine ; un/une.

JE M'EXERCE

1 ✦ Classe les mots contenant le son [ɛ̃] dans le tableau.

a) Ce matin, nous avons peint un paysage.
b) Maintenant, j'éteins la lumière.
c) Mon ami me serre la main.
d) Valentin joue sur le terrain.

« in »	« ain »	« ein »

2 ✦✦ Complète avec « in », « ain » ou « ein ».

a) Mon cous.... est ....croyable.
b) Notre vois.... a décoré son sap.... .
c) Nous avons pris un b.... pl.... de mousse.
d) Ce mat...., les enfants sont descendus dans un souterr.... .

3 ✦✦ Trouve le mot contenant le son [ɛ̃] et écris-le.

Exemple : L'animal aux longues oreilles, c'est le lapin.

a) C'est mon ami, c'est mon .... .
b) Après aujourd'hui, c'est .... .
c) Pour arrêter la voiture, on appuie sur le .... .

Compare tes réponses avec ton voisin.

11 « m » devant « m », « b » et « p »

J'OBSERVE

Un matin, les parents emmènent leurs enfants et les laissent seuls dans la forêt. Mais la veille, dans sa chambre, le Petit Poucet a tout entendu. Il emporte des petits cailloux blancs. Les enfants ont peur, la forêt est **sombre**. Ils marchent longtemps, ils traversent des champs et retrouvent enfin leurs parents. C'est le plus **important**.

- **Tiki a commencé à classer les mots en bleu dans le tableau. Continue.**

je vois « an » ou « en »	je vois « am » ou « em »
parents, enfants, ...	chambre, emmènent, ...

- **Quelles lettres vois-tu après « am » et « em » ?**
- **Quel mot du texte contient le son [ɔ̃] qui s'écrit « om » ? Quelle lettre vois-tu après « om » ?**
- **Quel mot du texte contient le son [ɛ̃] qui s'écrit « im » ? Quelle lettre vois-tu après « im » ?**

JE COMPRENDS

• **Devant les lettres « m », « b » et « p »**, on doit écrire la lettre **« m »** à la place de la lettre **« n »** (sauf dans *bonbon*).

Exemples : *emmener, chambre, emporter, sombre, important.*

JE M'EXERCE

1 ✦ Recopie les mots où tu vois « am » ou « em », puis entoure la lettre qui vient après « am » ou « em ».

temps, angle, jambe, encre, embarquer, camp, tendre, champagne, ensemble

2 ✦ Classe les mots dans le tableau.

bombe, dindon, impossible, pompier, pigeon, malin, imprimer

on	om	in	im

3 ✦✦ Complète avec « n » ou « m ».

a) À la cantine, j'ai perdu une de..t.
b) Je mets un ti..bre sur ma lettre.
c) Le bébé boit dans une ti..bale.
d) Le marcha..d ve..d des ora..ges.

4 ✦✦✦ Par groupe de deux, cherchez des mots qui contiennent « em » ou « im » devant « p », « b » ou « m ». Puis faites des phrases avec les mots trouvés. Vous pouvez vous aider du dictionnaire.

12 Je vois, je n'entends pas (1)

J'OBSERVE

La ronde des matelots

Tous les matelots de la côte
Sont partis avec leurs bateaux,
Le ciel est bleu, la mer est haute,
Bon voyage, gais matelots !

Ils s'en sont allés à la pêche
À la pêche aux cachalots.
Le temps est clair, la bise est fraîche,
Bonne pêche, matelots !

Xavier Privas, *Chantez petits*, © Delagrave.

- **En recopiant la première strophe du poème, Tiki a oublié certaines lettres. Lesquelles ? Lis à haute voix ce que Tiki a écrit. Est-ce que tu comprends ? Pourquoi ?**
- **Dans les mots en bleu, quelles sont les lettres que tu n'entends pas ?**

JE COMPRENDS

- Dans de nombreux mots, il y a **des lettres qu'on voit mais qu'on n'entend pas**.

Exemples : un matelot, des bateaux, haute.

Tu ne dois pas oublier d'écrire ces lettres.

JE M'EXERCE

1 ✦ **Recopie les phrases et entoure les lettres qu'on n'entend pas dans les mots en gras.**

a) Le **chat** grimpe sur le **lit**.
b) Le **temps** me semble **long**.
c) Les **petits cochons** se **moquent** du **loup**.
d) Le **renard veut** manger la **souris**.

2 ✦✦ **Chasse l'intrus dans chaque liste.**

a) gros, rond, mais, mardi, toit.
b) bras, gras, gris, ici, bois.

3 ✦✦ **Recopie le texte et entoure les lettres qu'on n'entend pas.**

L'air est si chaud que la cigale,
la pauvre cigale frugale
qui se régale de chansons,
ne fait plus entendre les sons.

Paul Arène, *Contes choisis*.

4 ✦✦✦ **Par groupe de deux : un élève recopie la lettre de l'ours dans le texte *L'ours de l'escalier*, page 40, sans écrire les lettres qu'on n'entend pas. L'autre élève retrouve les lettres manquantes.**

13 Je vois, je n'entends pas (2)

J'OBSERVE

Qu'est-ce qu'il n'y a ?

Passant devant chez toi
J'ai vu par **la fenêtre** ouverte
Trois cha●s bleus qui mangeaient des crêpes

Et un ra●
Un ra● très gro●
Qui épluchait des raves
Avec un rabo●.

chatte raton grosse raboter

Paul Vincensini, *Qu'est-ce qu'il n'y a ?*,
© Éd. Saint-Germain-des-Prés.

- **Tiki a fait des taches en lisant le poème. Aide-le à retrouver les lettres manquantes en te servant des étiquettes.**
- **Réécris le deuxième vers du poème en remplaçant « la fenêtre » par « le volet ». Que remarques-tu ?**

JE COMPRENDS

- **À la fin de certains noms ou adjectifs**, on trouve une **lettre muette** (qu'on n'entend pas).

Pour bien écrire ces mots, tu peux :

– les mettre au féminin ;

Exemple : *gri*● → au féminin, *grise* → on écrit *gris*.

– chercher un mot de la même famille.

Exemple : *lon*● → *longueur* → on écrit *long*.

JE M'EXERCE

1 ✦ Recopie les mots suivants et entoure la lettre muette à la fin des mots.

charmant, désert, confort,
rond, début, français, bras,
assis, toit, sang

2 ✦✦ Mets les mots suivants au masculin.

Exemple : blonde → blond

a) petite → ….
b) forte → ….
c) courte → ….
d) lente → ….
e) laide → ….

3 ✦✦ Trouve un nom de la même famille.

Exemple : chanter → le chant

a) tricoter → ….
b) ranger → ….
c) se reposer → ….
d) camper → ….

4 ✦✦✦ Complète les mots avec la lettre qui convient.

a) Le froi.. a envahi le pay.. .
b) Le marchan.. vend un gran.. buffet.
c) Ce réci.. est amusan.. .

Écrire les mots – l'orthographe

14 Je vois, je n'entends pas (3)

J'OBSERVE

Le [ ] [ ] dort.

Les [ ] [ ] dorment.

◆ **Complète chaque phrase avec les bonnes étiquettes.**

chat | chats | noirs | noir

◆ **Réécris les phrases en remplaçant « chat » par « chien » et « noir » par « blanc ». Que remarques-tu ?**

◆ **Complète les phrases suivantes avec les bonnes étiquettes.**

Le singe saute et [ ] une banane.
Les singes [ ] et attrapent une banane.

attrapent | attrape | saute | sautent

◆ **Réécris les phrases en remplaçant « attraper » par « manger ». Que remarques-tu ?**

JE COMPRENDS

- **En général, au pluriel,** les noms et les adjectifs se terminent par un **« s »**, et les verbes se terminent par **« nt »**.
Exemple : Le petit chien aboie. → Les petits chiens aboient.
Quelquefois, au pluriel, les noms se terminent par un **« x »** : *un pou → des poux.*
- **Le plus souvent, on n'entend pas les marques du pluriel.**

JE M'EXERCE

1 ✦ **Entoure les marques du pluriel dans les mots en gras.**

a) Mes petits frères.
b) Les anciens amis.
c) Des voitures rouges.

2 ✦✦ **Entoure les marques du pluriel.**

a) Les nuages noirs arrivent.
b) Les petites hirondelles s'envolent.

3 ✦✦✦ **Mets les phrases suivantes au pluriel.**

Exemple : Le jeune chien saute.
→ Les jeunes chiens sautent.

a) Le piéton traverse la rue.
b) Mon ballon jaune se dégonfle.
c) Le jeune pianiste joue remarquablement.
d) La petite fille pleure.

15 Des mots invariables

J'OBSERVE

Cet élève n'apprend jamais ses récitations et il est souvent puni. « Tu iras jouer dehors après tes devoirs », lui dit toujours son père. L'élève passe beaucoup de temps devant son cahier mais il ne travaille pas, il rêve.

◆ **Tiki a commencé à transformer le texte en le mettant au pluriel. Continue.**

Ces élèves n'apprennent jamais leurs récitations et ils sont souvent punis…

◆ **Est-ce que les mots en bleu changent dans le texte de Tiki ?**

JE COMPRENDS

- Il y a des mots qui s'écrivent toujours de la même manière. Ils sont **invariables.**
Exemples : *jamais, toujours, souvent.*
- Voici quelques mots invariables que tu dois savoir écrire au CE1 :
après, avant, avec, chez, dans, pendant, sans, sous, vers, mais, donc, quand, parce que, beaucoup, longtemps, moins, assez, aujourd'hui, maintenant, bientôt, devant, puis, toujours, jamais, dehors, rien, souvent, loin.

JE M'EXERCE

1 ✦ **Recopie les phrases et entoure les mots invariables.**

a) J'ai beaucoup d'amis.
b) Des acheteurs sont venus hier.
c) Bientôt les beaux jours reviendront, alors nous partirons loin.
d) Aujourd'hui, je vais chez ma sœur.

2 ✦ **Chasse l'intrus dans chaque liste.**

a) toujours, dehors, chez, nuage.
b) après, sage, avant, moins.
c) souvent, content, longtemps, devant.

3 ✦✦ **Mets les phrases au pluriel.**

a) Mon ami mange beaucoup.
b) Le livre est sous la table.
c) Maintenant, le lion est plus calme.
d) Bientôt le garçon ira dormir.

4 ✦✦✦ **Par groupe de deux : un élève fait une phrase avec les mots proposés. L'autre élève met la phrase au pluriel.**

a) mon / pleure / frère / souvent
b) dehors / joue / l'enfant / toujours
c) mon / mange / ton / cousin / chez / voisin

1 Des mots, des phrases (1)

J'OBSERVE

Poucet | le lit | l'ogre

attacha | sur

Avec ces étiquettes, Tiki raconte deux histoires :

Poucet | attacha | l'ogre | sur | le lit .

L'ogre | attacha | Poucet | sur | le lit .

- **Pour chaque histoire, Tiki a-t-il rangé les étiquettes dans le même ordre ?**
- **Est-ce que les deux phrases racontent la même chose ?**
- **Remplace l'étiquette *Poucet* par *le loup* et invente une autre histoire.**

JE COMPRENDS

• Quand Tiki change **la place des mots**, il raconte des histoires différentes. Il change le sens de la phrase.

JE M'EXERCE

1 ✦ Recopie une des deux phrases et indique à quelle image elle correspond.

a) La sorcière donne une pomme à Blanche-Neige.

b) Blanche-Neige donne une pomme à la sorcière.

2 ✦✦ Fais plusieurs phrases avec les étiquettes suivantes. Tu peux faire les dessins.

Margot | dans | Jeannot

pousse | la sorcière | le four

3 ✦✦ Par groupe de deux, faites des phrases avec les étiquettes suivantes.

les Indiens | dans | aperçoivent

la plaine | les cow-boys

la forêt | poursuivent

Des mots, des phrases (2)

J'OBSERVE

L'ogre attacha Poucet sur le lit .

L'ogre attacha Poucet sous le lit .

- **Quel mot a changé entre les deux phrases ? Qu'est-ce que cela a changé dans les images ?**
- **Remplace l'étiquette *sous* par *devant* ou *derrière* et invente une autre histoire.**

JE COMPRENDS

- Quand Tiki remplace **un mot** par **un autre mot**, il invente des histoires différentes. Il construit des phrases différentes.

Exemple : *L'ogre est devant la maison. L'ogre est derrière la maison.*

JE M'EXERCE

1 ✦ Recopie une des deux phrases et indique à quelle image elle correspond.

a) Le chien court derrière le chat.
b) Le chien court devant le chat.

2 ✦✦ Avec les étiquettes suivantes, raconte ce qui se passe dans l'image.

Olivier sous sur passe le pont

3 ✦✦✦ Par groupe de deux, utilisez les étiquettes pour raconter ce qui se passe dans chaque image. (Vous pouvez utiliser plusieurs fois la même étiquette.)

Alice avec dans Alex le jardin la rue joue

2 Des phrases, un texte (1)

J'OBSERVE

Les trois petits cochons sont cachés dans la maison de paille. Le loup souffle sur la maison. Aussitôt, la maison s'envole.

- **Tiki a écrit un petit texte. Chaque image correspond à une partie du texte. Laquelle ?**
- **Par quoi commence chacune de ces parties du texte ? Par quoi finit-elle ?**
- **Compte le nombre de majuscules et de points dans le texte.**

JE COMPRENDS

- Un texte est formé de plusieurs phrases.
- Chaque **phrase** commence par une **majuscule** et se termine par un **point**.

Exemple : *Le loup souffle sur la maison.*

JE M'EXERCE

1 ✦ Recopie le texte et entoure chaque phrase.

Les parents du Petit Poucet ont abandonné leurs enfants dans la forêt. Le Petit Poucet avait semé des petits cailloux. Il a retrouvé son chemin. Ses frères et lui sont revenus à la maison.

2 ✦✦ Recopie le texte en mettant les majuscules.

le prince charmant voit Blanche-Neige. il l'embrasse. elle se réveille.

3 ✦✦✦ Il y a quatre phrases dans ce texte. Recopie-les en mettant les majuscules et les points.

un soir, dans le grenier, le petit chat aperçut la souris il bondit sur elle il la croqua cela me fit de la peine

4 ✦✦✦ Mets les majuscules et les points comme il convient.

le corbeau a un fromage dans son bec
le renard voudrait manger le fromage
il demande au corbeau de chanter
le fromage tombe le renard se sauve
avec le fromage

Des phrases, un texte (2)

J'OBSERVE

Tiki a écrit la suite de l'histoire des *Trois petits cochons* :
Aussitôt, la maison de bois s'écroule. Les petits cochons sont cachés dans la maison de bois. Le loup souffle sur la maison.

- **Est-ce que tu comprends l'histoire racontée par les dessins ?**
- **Combien y a-t-il de phrases dans le texte ?**
  Est-ce que c'est facile de comprendre le texte ? Pourquoi ?
- **Aide Tiki à remettre de l'ordre dans son texte.**

JE COMPRENDS

- Dans un **texte**, les phrases doivent être placées **dans le bon ordre** (un ordre logique) pour qu'on comprenne l'histoire.

JE M'EXERCE

1 ✦ **En t'aidant des images, recopie les phrases dans l'ordre de l'histoire.**

La sorcière se sauve. Blanche-Neige croque dans la pomme. Blanche-Neige tombe empoisonnée. La sorcière offre une pomme à Blanche-Neige.

2 ✦✦ **Recopie les phrases dans l'ordre de l'histoire.**

a) Pierre ne l'a jamais revu.
b) Alors, le ballon s'est envolé.
c) L'autre jour, Pierre avait un beau ballon rouge.
d) Soudain, il a lâché la ficelle.

3 ✦✦✦ **Mets les images dans le bon ordre et écris l'histoire.**

3 De qui ou de quoi on parle ?

J'OBSERVE

Le coq | picore des grains dans la cour.

- Tiki a écrit sur une bande de papier. De qui parle Tiki dans sa phrase ? Quel est le dessin correspondant à la phrase ?
- Tiki veut écrire une phrase pour l'autre dessin. Quelle partie devra-t-il découper et changer ?
- Parmi ces étiquettes, choisis celle que Tiki va prendre :

dans le jardin | picore du blé. | Le poussin

JE COMPRENDS

- Tiki découpe sa phrase en deux parties.
Dans la première partie, il nous dit **de qui ou de quoi il parle**.
Exemple : Il parle d'un poussin ou bien d'un coq.
- Dans le premier dessin, c'est le poussin qui picore des grains.
Le poussin est le **personnage principal** de l'histoire.

JE M'EXERCE

1 ✦ Recopie ces phrases et entoure en bleu les mots qui indiquent de qui on parle.

Exemple : (Giorgio) boit du lait.

a) Giorgio déjeune dans sa cuisine.
b) Le facteur apporte une lettre.
c) Les neveux de Giorgio chantent.
d) Federico et Giulietta vont à l'école.

2 ✦ Entoure en bleu les mots qui indiquent de qui ou de quoi on parle.

a) La chenille mange la feuille.
b) Le papillon sort de son cocon.
c) La rivière déborde.

3 ✦✦ Par groupe de deux, complétez oralement chaque phrase avec une étiquette qui convient. Chaque élève recopie ensuite trois phrases de son choix.

L'oisillon | Jérôme | Maman | La petite poule | Le vent | Julie

a) .... envoie le ballon.
b) .... picore dans la cour.
c) .... attend sa maman dans le nid.
d) .... nage dans la piscine.
e) .... chante un refrain.
f) .... soulève les feuilles mortes.

Construire des phrases

Qu'est-ce qu'on en dit ?

J'OBSERVE

Le coq | picore des grains dans la cour.

Le coq | chante dans la cour.

- Dans ces phrases, Tiki parle d'un coq. Qu'est-ce qu'il dit à propos du coq ?
- Quelle partie Tiki a-t-il changée entre ces deux phrases ?
- Change la deuxième partie de la phrase ci-dessous et écris ta phrase.

Le poussin | picore dans la cour.

JE COMPRENDS

- Tiki découpe ses phrases en deux parties.
Dans la deuxième partie, il nous dit **ce que fait le coq**.

Exemples : *Le coq* *picore des grains dans la cour* .
Le coq *chante dans la cour* .

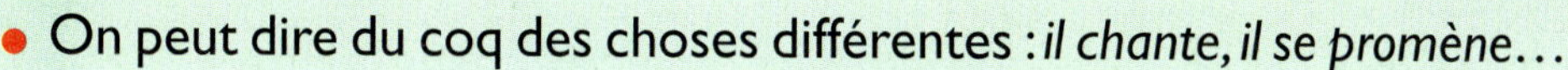

- On peut dire du coq des choses différentes : *il chante, il se promène…*

JE M'EXERCE

1 ✦ Entoure en rouge les mots qui indiquent ce que font les animaux.

Exemple : Les lièvres (courent derrière la tortue).

a) Les écureuils grignotent des noisettes.
b) Les singes se balancent avec des lianes.
c) Les dauphins suivent le bateau.
d) Les escargots mangent les laitues.

2 ✦ Entoure en rouge les mots qui indiquent ce que font les personnages.

a) Thomas se déguise en Indien.
b) Tarzan saute d'arbre en arbre.
c) Mon grand-père promène son chien.
d) Émilie se lave les dents.

**3 ✦✦ Par groupe de deux, faites des phrases. Un élève choisit de qui ou de quoi on parle (colonne A), l'autre choisit ce qu'on en dit (colonne B).
Échangez les rôles à chaque phrase.**

A	B
Le loup	croque des carottes.
Le cochon	voit un fromage.
Le corbeau	a très faim.
Le lapin	tombe dans l'eau.

**4 ✦✦✦ Par groupe de deux, inventez des phrases. Un élève écrit le début d'une phrase, l'autre termine la phrase.
Échangez les rôles à chaque phrase.**

Exemple : Les zèbres ⟶ galopent dans la savane.

4 Trouver le verbe

J'OBSERVE

Olivier [ ] sur le canapé. Les chats [ ] dans l'arbre. Olivier et Miléna [ ].

- **Que font les personnages dans chaque image ?**
- **Aide Tiki à compléter chaque phrase avec la bonne étiquette.**

grimpent | mangent | dort

- **Choisis une étiquette pour compléter cette phrase :**

Olivier et Miléna [ ] des gâteaux. sur | préparent | le chien

JE COMPRENDS

- Tiki nous dit qu'Olivier *dort*, que les chats *grimpent* dans l'arbre et qu'Olivier et Miléna *mangent*.
- Les mots en vert sont des **verbes.** Ils permettent de comprendre **ce que font les personnages** d'une histoire.

JE M'EXERCE

1 ✦ **Recopie les phrases et entoure les verbes en vert.**

a) Le clown lance des ballons.
b) Les clowns jonglent avec des quilles.
c) Les enfants applaudissent joyeusement.
d) L'éléphant danse sur un pot de fleurs.
e) Les singes mangent des bananes.
f) Le dompteur joue avec les tigres.
g) Les villageois attendent le spectacle avec impatience.

2 ✦✦ **Par groupe de deux, lisez le texte. Un élève entoure en bleu de qui on parle, l'autre entoure en vert ce que font les personnages (le verbe).**

Exemple : (Baloo) (se dandine).
→ On parle de Baloo. Il se dandine.

Baloo se dandine. Mowgli se balance de liane en liane. Les singes poussent des cris. Bagheera la panthère guette dans l'ombre. Soudain, Baloo éternue. Mowgli s'arrête. Il écoute les voix de la forêt.

Trouver le sujet du verbe

J'OBSERVE

[ ] lit sur le canapé. [ ] grimpe dans l'arbre. [ ] mangent une pomme.

Le chat — Olivier — Olivier et Miléna

- **Combien y a-t-il de personnages dans chaque image ?**
- **De qui parle-t-on dans chaque phrase ? Complète avec la bonne étiquette.**
- **Invente une étiquette pour compléter cette phrase :**

Tous les soirs, [ ] raconte des histoires.

JE COMPRENDS

- Tiki parle d' *Olivier*, de *Miléna* et d' *un chat*. Les mots en bleu sont les **sujets des verbes**.

Exemples : *C'est Olivier qui lit.*
Ce sont Olivier et Miléna qui mangent une pomme.

- Pour trouver le sujet du verbe, on pose la question **« Qui est-ce qui… ? »**.

Exemple : *Ce matin, Miléna chante.* → Qui est-ce qui chante ? C'est Miléna.

JE M'EXERCE

1 ✦ **Recopie les phrases et entoure en bleu les mots qui t'indiquent qui joue.**

Exemple : (Mowgli) joue avec les singes.
→ Qui est-ce qui joue avec les singes ? C'est Mowgli.

a) Francesca joue au ballon.
b) Émeric joue aux dames.
c) À la plage, Victor joue dans l'eau.
d) Mon frère joue avec l'ordinateur.
e) Tous les soirs, Pierre joue dehors.

2 ✦✦ **Complète les phrases avec les mots suivants pour indiquer qui fait quoi.**

l'alouette - la chatte - le dauphin - le renard

a) …. allaite ses petits.
b) …. vole dans le ciel.
c) Dans la ferme, …. attaque les poules.
d) Dans la mer, …. se nourrit de poissons.

Construire des phrases — la grammaire

5 Le verbe change

J'OBSERVE

Julie **danse.** Elle **danse** bien. Son frère aussi ____ . Julie et son frère **dansent.** Ils ____ tous les deux très bien.

- **Compare les mots en gras. Que remarques-tu ?**
- **Complète le texte avec ces étiquettes :**

danse dansent

JE COMPRENDS

- Dans une phrase, **quand le sujet change, le verbe change aussi.** On dit que le verbe est **conjugué.**
  Exemple : *Julie danse, Julie et son frère dansent.*
- Quand on raconte une histoire, on peut remplacer les noms par des pronoms.
  Exemple : *Julie et son frère dansent. → Ils dansent.*

JE M'EXERCE

1 ✦ Entoure les verbes qui indiquent ce que font les personnages.

a) Le chat ronronne et se gratte l'oreille.
b) Julie écoute son disque préféré.
c) Robin attrape le ballon et tire.

2 ✦ Souligne le verbe et entoure ce qui change.

a) Je chante. / Nous chantons.
b) Nathalie avale un verre de lait. / Vous avalez un verre de lait.
c) Antoine regarde le tigre. / Antoine et Agnès regardent le tigre.

3 ✦✦ Par groupe de deux, complétez les phrases avec les verbes suivants :
aimons, aimez, cherchons, cherchez.

a) Vous .... le chocolat ? Oui, nous .... le chocolat.
b) Vous .... la maîtresse ? Oui, nous .... la maîtresse.

4 ✦✦ Choisis la forme du verbe qui convient.

a) Quand je (rentrez/rentre) de l'école, mon chien (jappons/jappe) de joie.
b) Papy (préparons/prépare) le goûter et nous (discutez/discutons).

L'infinitif du verbe

J'OBSERVE

◆ **Complète chaque bulle avec la bonne étiquette. Que remarques-tu ?**

joue | jouer | jouons | jouent

◆ **Invente deux étiquettes pour compléter ces phrases :**

Arthur ____ un disque. Sa maman est en train de ____.

JE COMPRENDS

- **Quand le verbe n'est pas conjugué, il est à l'infinitif.**

Exemples : *être, avoir, chanter, jouer, finir, venir, boire, prendre…*

- Pour trouver un verbe dans un dictionnaire, il faut connaître son infinitif.

JE M'EXERCE

1 ✦ Entoure en bleu les verbes conjugués et en rouge les verbes à l'infinitif.

Exemple : Tiki est en train de (jouer) avec la tortue. Ils (s'amusent) beaucoup.

a) Chloé monte la côte à vélo.
b) Jules est en train de jouer aux cartes.
c) Florent vient de terminer son travail. Il regarde un film.
d) Clémentine est en train de lire un conte. Elle lit tous les soirs avant de dormir.
e) Valentin arrive pour jouer avec Lucas.

2 ✦✦ Transforme les phrases comme dans l'exemple.

Exemple : Je mange. → Je vais manger.

a) Je nage à la piscine. Je vais ….. .
b) Je glisse sur la neige. Je vais ….. .
c) Je fais du vélo. Je vais ….. .

3 ✦✦✦ Entoure les verbes à l'infinitif, puis transforme les phrases comme dans l'exemple.

Exemple : (Préparer) les ingrédients.
→ Je prépare les ingrédients.

Casser les œufs. Mélanger la farine et les œufs. Ajouter le lait.

Utiliser des verbes — la conjugaison

6 Utiliser les pronoms

J'OBSERVE

Tiki et la tortue parlent :

« Je suis allé au zoo. J'ai vu un singe. Le singe était très drôle. ____ mangeait des cacahuètes. J'ai aussi vu une autruche. L'autruche avait un long cou. ____ couvait ses œufs. »

« Tu es allé au zoo ? Moi aussi, je suis allée au zoo. Les zèbres couraient. ____ étaient rapides. Les antilopes étaient très sages. ____ dormaient à l'ombre. »

◆ **Complète les textes avec les bonnes étiquettes.**

Ils Elles Il Elle

Par quels mots pourrais-tu remplacer ces étiquettes ?

◆ **Que désigne chacun des mots en bleu ?**

JE COMPRENDS

- Quand on raconte une histoire, **on peut remplacer les noms** (les personnages, les objets) **par des pronoms** : *il* , *ils* , *elle* ou *elles* .
Exemple : *Les tigres rugissent. Ils sont affamés.*
- **Pour conjuguer un verbe, on peut utiliser des pronoms.**
Exemples : je crie, tu cries, il crie, elle crie, nous crions, vous criez, ils crient, elles crient.

JE M'EXERCE

1 ✦ **Relie les verbes aux sujets qui conviennent. Écris ensuite l'infinitif de chaque verbe.**

allons •	il	• dansez
chante •	nous	• avons
écoutez •	vous	• sont
passe •	elles	• mangeons
regardent •	je	• parle
pleurez •		• crient

2 ✦✦ **Remplace les mots en couleur par des pronoms.**

La neige recouvre le paysage. Papa prépare les raquettes de randonnée. Les enfants préfèrent les jeux. Agnès et Sophie glissent sur leur luge. Au bas des pistes, Pierre fait un bonhomme de neige. Au village, le soir, les gens s'endorment.

Passé, présent, futur

J'OBSERVE

Autrefois, on ▭ à cheval.

Aujourd'hui, on ▭ en voiture.

Bientôt, on ▭ en soucoupe volante.

◆ **Complète chaque phrase avec la bonne étiquette. Quels mots t'ont aidé(e) ?**

voyage | voyagera | voyageait

JE COMPRENDS

• **Quand on change le moment** où se passe l'histoire (passé, présent ou futur), **la fin du verbe change**.

Exemples : *Avant, on voyage**ait** à cheval.* → Le verbe est au **passé**.
*Maintenant, on voyag**e** en voiture.* → Le verbe est au **présent**.
*Bientôt, on voyage**ra** en soucoupe volante.* → Le verbe est au **futur**.

ce qui s'est passé — ce qui se passe — ce qui se passera →
passé — présent — futur

JE M'EXERCE

1 ★ Recopie les phrases. Entoure les verbes et souligne ce qui change.

a) Marc arrose les fleurs.
Marc arrosait les fleurs.
b) Mon chat ronronne. Mon chat ronronnera.

2 ★★ Recopie les phrases qui sont au futur.

a) Demain, lundi, je resterai chez moi et mardi, j'achèterai un parapluie.
b) L'été dernier, nous étions au bord de la mer.
c) Bientôt, Tiki aura un ordinateur.

3 ★★★ Par groupe de deux : un élève raconte l'histoire a) à son voisin en complétant les phrases avec les mots en bleu. L'autre élève raconte l'histoire b) en complétant les phrases avec les mots en vert.

s'habillaient | s'habillent | se déplacent | se déplaçaient | vivaient | vivent

a) Autrefois, les hommes préhistoriques .... avec des peaux de bêtes.
Ils .... à pied. Ils .... dans des huttes ou des cavernes.
b) Aujourd'hui, les gens .... avec des vêtements de tissu. Ils .... en train ou en avion. Ils .... dans des maisons.

7 Où se passe l'histoire ?

J'OBSERVE

Le renard se cache [ ].

Le renard se cache [ ].

Le renard se cache [ ].

◆ **Aide Tiki à compléter chaque phrase avec la bonne étiquette.**

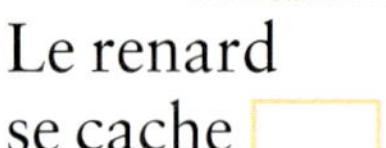

derrière l'arbre | derrière le puits | dans le puits

◆ **Où le renard peut-il encore se cacher ? Invente d'autres étiquettes.**

JE COMPRENDS

- Tiki nous dit où le renard se cache.

*Exemple : **Où** le renard se cache-t-il ? ⟶ Il se cache dans le puits .*

- Quand on raconte une histoire, **on peut dire où se passe l'histoire**.

On utilise des petits mots comme *dans, derrière, sous, sur…*

JE M'EXERCE

1 ✦ Entoure les mots qui répondent à la question « Où ? ».

a) Mélodie a trouvé un petit chat sur le chemin.
b) Zoé a rencontré Isabelle à la piscine.
c) Victor joue aux billes dans le jardin.
d) Dans la forêt, Chloé a vu un écureuil.

2 ✦✦ Complète les phrases avec le groupe de mots qui convient.

sur la piste - dans le garage - dans le jardin de l'école - dans la cuisine

a) Nous avons planté un arbre •••• .
b) ••••, Sophie a préparé un gâteau.
c) Hier, Papa a réparé mon vélo •••• .
d) Le pilote a posé son avion •••• .

3 ✦✦✦ Par groupe de deux, recopiez les phrases. Entourez les mots qui indiquent où se passe l'histoire, puis changez ce lieu.

a) Les enfants jouent à la pétanque sur la place du village.
b) Le chat a attrapé une souris dans le grenier.
c) Nous nous cachons derrière la haie.
d) Dans la mer, j'ai vu un poisson-chat.

Quand se passe l'histoire ?

J'OBSERVE

Le train arrive ☐.

Le train arrive ☐.

Le train est arrivé ☐.

◆ **Aide Tiki à compléter chaque phrase avec la bonne étiquette.**

en pleine nuit | à 9 heures | à 11 heures

◆ **Quand le train peut-il encore arriver ? Invente d'autres étiquettes.**

JE COMPRENDS

- Tiki nous dit quand le train arrive.

*Exemple : **Quand** le train arrive-t-il ? ⟶ Il arrive à 9 heures .*

- Quand on raconte une histoire, **on peut indiquer quand se passe l'histoire.** On utilise des petits mots comme *autrefois, hier* (pour le passé), *en ce moment, aujourd'hui* (pour le présent), *bientôt, demain* (pour le futur).

JE M'EXERCE

1 ✦ Entoure les mots qui répondent à la question « Quand ? ».

a) Le bateau partira demain matin.
b) Hier soir, les animaux ont présenté leur spectacle.
c) Ils repartiront bientôt.
e) Avant-hier, on a croisé un renard dans la forêt.

2 ✦✦ Réécris les phrases en changeant le moment de l'histoire.

a) Hier, le facteur a apporté une lettre.
b) Tous les mercredis, je retrouve David à la piscine.
c) On part en vacances vendredi.
d) Notre avion décolle à 7 heures.

3 ✦✦✦ Par groupe de deux, construisez quatre phrases en choisissant un groupe de mots dans chaque colonne.

• hier	• dans la cour	• le chat a attrapé une souris
• demain	• dans le ciel	• on jouera au ballon
		• les mouettes volaient

Construire des phrases – la grammaire

8 Le nom

J'OBSERVE

Mowgli mange une [ ].

Mowgli regarde la [ ].

Mowgli joue avec un [ ].

◆ **Aide Tiki à compléter chaque phrase avec la bonne étiquette.**

rivière | pomme | singe

◆ **Écris le nom du personnage que tu retrouves dans les trois images. Compare ce mot avec les mots des étiquettes. Que remarques-tu ?**

JE COMPRENDS

- Les mots *rivière*, *pomme*, *singe* permettent de savoir si on parle d'un objet, d'un animal ou d'une personne. Ce sont des **noms**.
- Les **noms propres** commencent par une **majuscule** : **M**owgli, **T**iki, **M**iléna.
- Devant les autres noms (les **noms communs**), on trouve souvent des petits mots comme *un, une, le, la, son, mon* : *un gâteau, une banane, le renard, la rivière.*

JE M'EXERCE

1 ✦ Entoure en bleu les noms communs et en rouge les noms propres.

a) Lucas mange une orange.
b) Julie et Pierre regardent la télévision.
c) Mon cousin s'appelle Félix.

2 ✦✦ Complète les phrases avec les noms qui conviennent.

piscine - fraises - arbres - Arnaud - moineaux - jardin

a) Papa a cueilli des .... dans le .... .
b) Les .... gazouillent dans les .... .
c) Céline et .... plongent dans la .... .

3 ✦✦ Recopie le texte et entoure en bleu les noms.

Zibulka a horreur des épinards…
Elle est invitée à dîner chez ses tantes, trois sorcières, qui lui envoient ce message :

Chère petite nièce,
tes trois tantes t'invitent.
Si tu es d'accord, prends le balai,
il t'amènera chez nous.
Michka, Olga et Polka.

D'après B. Rouer, *Zibulka au pays des épinards*, © Nathan.

Le groupe nominal

J'OBSERVE

Julie mange ____ banane.

Julie mange une banane ____.

◆ **Aide Tiki à compléter les phrases avec les étiquettes qui conviennent.**

verte   une   jaune

◆ **Trouve le nom commun dans chaque phrase.**
À quoi servent les mots qui accompagnent ce nom ?

JE COMPRENDS

- Le nom et les mots qui accompagnent le nom forment un **groupe nominal**.

Exemples : *Le singe* (groupe nominal) *mange* *une banane verte* (groupe nominal).

- Devant ou derrière les noms, on trouve souvent des mots comme *vert*, *petit*, *gros*, *grand*, *malin* … **Ces mots nous renseignent sur le nom.**

Exemples : *un gros gâteau rose, une banane verte, le petit renard.*

JE M'EXERCE

1 ✦ Dans chaque phrase, entoure deux groupes nominaux.

a) La neige tombe sur le petit chalet.
b) La Terre est une planète bleue.
c) Le vent violent soulève des vagues énormes.
d) Les petits moineaux picorent le pain mouillé.

2 ✦ Dans chaque phrase, entoure deux groupes nominaux et souligne les noms.

a) Les jeunes footballeurs ont un short bleu.
b) Le corbeau a un joli plumage noir.
c) Le renard malin aime le fromage.

3 ✦✦ Complète chaque groupe nominal avec un des noms proposés.

chaton - poisson - soupe - cuisinier - chien

a) un .... gris
b) une .... chaude
c) un gros ....
d) un .... rouge
e) un petit .... blanc

4 ✦✦✦ Par groupe de deux : un élève choisit un objet, un animal ou une personne ; le second précise comment il est en complétant le nom.

Exemple : un chapeau
→ un vieux chapeau

Construire des phrases — *la grammaire*

9 Conjuguer au présent (1)

J'OBSERVE

Bonjour, chers amis.
Aujourd'hui, le tournoi de football ▭ à 15 heures. Ça y est !
L'arbitre siffle le début du match. Le n° 10 passe le ballon à son partenaire : celui-ci ▭ et ▭ un but. En ce moment, dans les tribunes, les spectateurs sautent de joie et chantent. Mais l'équipe adverse attaque. Heureusement, le gardien plonge et arrête le ballon.

- **Choisis trois verbes pour compléter ce que dit Tiki :**

marque | marquera | commence | commençait | tirait | tire

- **Quels mots t'indiquent que le match se déroule au moment où Tiki parle ?**
- **Remplace les verbes en bleu par l'expression *est en train de*… Que remarques-tu ?**

JE COMPRENDS

- Quand on raconte ce qui se passe **au moment où l'on parle**, on conjugue le verbe au **présent**.

Exemple : Aujourd'hui, Tiki chante. ⟶ Le verbe *chanter* est au présent.

- On conjugue tous les verbes en « -er » comme le verbe *chanter* (sauf *aller*).

Exemples : siffler, commencer, danser, manger…

chanter	
je chant**e**	nous chant**ons**
tu chant**es**	vous chant**ez**
elle/il/on chant**e**	elles/ils chant**ent**

JE M'EXERCE

1 ✦ Recopie seulement les phrases qui sont au présent.

a) Hier, nous avons chanté et dansé.
b) Aujourd'hui, je chante et je danse.
c) Demain, je chanterai et je danserai.
d) Lundi, toute la classe a chanté.
e) En ce moment, nous chantons.

2 ✦✦ Mets les verbes entre parenthèses au présent.

a) J'(arriver) en bus.
b) Il (manger) avec appétit.
c) Tu (plonger) et tu (nager) bien.
d) Elles (chanter) gaiement.
e) Nous (danser) souvent.

Conjuguer au présent (2)

J'OBSERVE

Aujourd'hui, Tiki ___ content : il ___ au stade.
Il joue bien. Il ___ une médaille.

◆ **Complète le texte avec les étiquettes.**

a   va   est

Aujourd'hui, Tiki et son frère ___ au stade. Ils ___ contents :
ils ___ en finale. Ils ___ une médaille.

◆ **Complète le texte avec les étiquettes.**

sont   ont   vont

JE COMPRENDS

• Quand on conjugue les verbes *être*, *avoir* et *aller* au **présent**, on dit :
Tiki est content, il va au stade, il a une médaille.

être	**avoir**	**aller**
je **suis** elle/il/on **est** elles/ils **sont**	j'**ai** elle/il/on **a** elles/ils **ont**	je **vais** elle/il/on **va** elles/ils **vont**

Regarde les tableaux de conjugaison à la fin de ton livre.

JE M'EXERCE

1 ✦ **Recopie seulement les phrases qui sont au présent.**

a) Tu es en pleine forme.
b) J'étais en pleine forme.
c) Nous allions à la pêche.
d) Vous allez à la pêche.

2 ✦✦ **Mets les verbes entre parenthèses au présent.**

a) Tu (avoir) des ballons ?
b) Ils (avoir) les invitations.
c) Tu (aller) au stade.
d) Ils (aller) à l'entraînement.

3 ✦✦✦ **Mets les verbes au présent.**

a) Axel avait faim.
b) Ma chatte était calme.
c) Nous étions complices.

4 ✦✦✦ **Par groupe de deux : un élève remplace « tu » par « il », l'autre élève remplace « tu » par « ils ». Comparez ensuite vos phrases.**

a) Tu vas à l'anniversaire de Pénélope ?
b) Tu es dans l'équipe de Clémentine.
c) Tu as les cartes et tu distribues.
d) Tu es sportif et tu vas au stade.

10 Masculin ou féminin ?

J'OBSERVE

Jeannot mange ☐ purée de carottes.

Jeannot mange ☐ yaourt.

Jeannot mange ☐ glace à ☐ vanille.

◆ **Complète chaque phrase avec la (les) bonne(s) étiquette(s).**

un | une | la

◆ **Complète l'histoire avec les mots suivants : *une*, *la* ou *un*, *le*.**

Hier soir, Tiki a mangé .... soupe à .... tomate, ... soufflé au fromage, ... **grosse** pizza, ... **gros** gigot, ... gratin de chou-fleur, ... poisson grillé. En dessert, il a mangé .... **jolie** tarte aux fraises, ... **joli** gâteau au chocolat, ... ananas **vert** et .... banane **verte**. Il a beaucoup aimé .... gâteau au chocolat. Je me demande comment il peut manger tout ça !

◆ **Lis les mots en gras à voix haute : entends-tu la même chose ? Vois-tu la même chose ? Quels changements remarques-tu ?**

◆ **Remplace chaque mot en gras par une des étiquettes suivantes :**

beau | belle | appétissante

appétissant | sucré | sucrée

Exercice

Par groupe de deux, recopiez les phrases suivantes. Un élève choisit les groupes de mots qui commencent par *une*, *la* ou *ma* ; l'autre élève choisit les groupes qui commencent par *un*, *le* ou *mon*.

a) (Une petite alouette/Un petit moineau) vole dans le ciel.
b) (Ma maman/Mon papa) a préparé (une brioche à la confiture/un croissant au beurre).
c) (Le père Noël/La fée Carabosse) m'a apporté (un vélo jaune/une bicyclette jaune).
d) On a construit (un grand château/une grande citadelle) avec (une jolie tour/un joli donjon).

JE COMPRENDS

- Devant certains noms, on utilise des petits mots comme *une*, *la* (ou *l'*), *ma*…
Ce sont des **noms du genre féminin**.
Exemple : *Il y a une malle dans ma chambre .*
noms féminins

- Devant certains noms, on utilise des petits mots comme *un*, *le* (ou *l'*), *mon*…
Ce sont des **noms du genre masculin**.
Exemple : *Il y a un coffre dans le grenier .*
noms masculins

- Souvent, on entend et on voit les changements du masculin au féminin :
Exemple : *un ananas* ***vert*** → *une banane* ***verte****.*
Dans certains mots, on n'entend pas les changements, mais on les voit :
Exemple : *un* ***joli*** *gâteau au chocolat* → *une* ***jolie*** *tarte aux fraises.*

JE M'EXERCE

1 ✦ Classe les noms suivants dans le tableau. Utilise *un* ou *une* (tu peux vérifier dans un dictionnaire).

tarte, gâteau, poupée, chanson, canard, ballon, cheval, chienne, trottinette, jouet, cartable, balle, poire

Noms masculins	Noms féminins
un gâteau	une tarte

2 ✦ Complète les phrases avec *un*, *le*, *l'*, *une* ou *la*.

a) …. chien a aboyé dans …. nuit.
b) …. chat a attrapé …. souris.
c) …. autocar a freiné sur …. route.
d) …. vent souffle sur …. mer.
e) …. soleil se couche à …. horizon.

3 ✦✦ Complète chaque groupe avec l'un des noms proposés.

a) un …. vert, une …. verte (chemise, manteau)
b) un joli …., une jolie …. (canari, perdrix)
c) un petit …., une petite …. (casquette, chapeau)

4 ✦✦✦ Complète avec un nom masculin ou un nom féminin.

a) Maman me lit une belle …. .
b) Maman me lit un beau …. .
c) J'ai mangé une …. délicieuse.
d) J'ai mangé un …. délicieux.

5 ✦✦✦ Par groupe de deux, choisissez des mots qui vont ensemble, comme dans l'exemple.
Exemple : le coq noir, la poule grise

la le une mon ma	poule jouet chat poupée coq chemise	préféré préférée noir noire gris grise

Construire des phrases
la grammaire

11 Singulier ou pluriel ?

J'OBSERVE

Je vois ☐ tourterelle.

Je vois ☐ tourterelles.

Je vois ☐ petit cheval.

◆ **Combien y a-t-il d'animaux dans chaque dessin ? Complète avec la bonne étiquette.**

un | une | des

La ☐ fait son nid.

Les ☐ font leur nid.

Le ☐ nage dans la mare.

◆ **Combien y a-t-il d'animaux dans chaque dessin ? Complète avec la bonne étiquette.**

tourterelle | tourterelles | canard

◆ **Fabrique l'étiquette qui convient pour compléter cette phrase. Que remarques-tu ?**

Les ☐ nagent dans la mare.

Exercices

Par groupe de deux.
1. Un élève complète les phrases avec *un, une, le, la, des* ou *les* ; l'autre entoure les mots qui changent.
2. Dans chaque phrase, y a-t-il un ou plusieurs animaux ? Comment le savez-vous ?

a) .... mouette blanche suit le bateau. / .... mouettes blanches suivent le bateau.

b) .... petit oiseau s'envole. / .... petits oiseaux s'envolent.

c) Dans sa cage, ... lion rugit. / Dans leur cage, ... lions rugissent.

JE COMPRENDS

- Quand on parle d'**un seul** animal ou d'un seul objet, on dit :
une tourterelle, *la tourterelle*, *un cheval*, *le nid*, *son nid*.
Les mots *un, une, le, la, sa, son*… indiquent que le nom est au **singulier**.

- Quand on parle de **plusieurs** animaux, on dit :
des tourterelles, *les chevaux*.
Les mots *des, les, ses*… indiquent que le nom est au **pluriel**.

- Souvent, on n'entend pas le pluriel, mais on le voit :
Exemples : *la petite tourterelle* → *les petite**s** tourterelle**s**.*
le bateau → *les bateau**x**.*

- Parfois, on entend le pluriel :
Exemples : *un cheval* → *des chev**aux*** (le nom change).
le grand arbre → *les grands arbres* (on entend la liaison).

Construire des phrases
la grammaire

JE M'EXERCE

1 ✦ **Recopie les phrases en gras et entoure ce qui change au pluriel.**

a) Pierre grignote une cerise.
b) **Pierre grignote des cerises.**
c) Ma voisine fait un dessin.
d) **Ma voisine fait des dessins.**

2 ✦ **Complète avec *un, une, le, la,* ou *des*.**

Dans …. forêt, il y a …. maison de sorcier. Dans la maison, il y a …. flacons, …. oiseaux empaillés, …. manche à balai. À côté, on trouve …. crapauds dans …. mare.

3 ✦✦ **Recopie les phrases en mettant les mots en gras au singulier.**

a) On a visité **des musées.**
b) Papa a rapporté **des surprises.**
c) Tom a attrapé **des papillons.**

4 ✦✦ **Recopie les phrases en mettant les mots en gras au pluriel.**

a) J'ai écrit **une lettre.**
b) Vincent répare **son vélo.**
c) Louise choisit **un livre.**
d) Léo croque **une amande.**

5 ✦✦✦ **Par groupe de deux, réécrivez les phrases. Un élève met au singulier les phrases au pluriel ; l'autre élève met au pluriel les phrases au singulier. Êtes-vous d'accord ?**

a) Les chiens jappent.
b) La maîtresse raconte.
c) Les chevaux galopent.
d) L'ours glisse.

12 Utiliser le passé

J'OBSERVE

[ ], Tiki **est allé** à l'anniversaire de Boris.
Tous les enfants **ont joué** au ballon dans le salon.
Ils **ont renversé** un vase et ils **ont cassé** un carreau.
La maman de Boris n'**était** pas contente.
[ ], ils iront au cirque ou au jardin public.

◆ **Complète le texte avec les bonnes étiquettes.**

Hier   La prochaine fois

◆ **L'anniversaire de Boris est-il déjà passé ?**
Trouve les mots qui le montrent.

JE COMPRENDS

• Quand on raconte **ce qui s'est déjà passé**, on conjugue le verbe à un **temps du passé**.

Exemple : *La semaine dernière, Tiki* *était* *en forme, il* *a chanté*.
→ les verbes *être* et *chanter* sont conjugués au passé.

JE M'EXERCE

1 ✦ Entoure les verbes qui indiquent ce qui s'est déjà passé.

Hier, Sophie a vu la naissance de trois petits chatons. Sa chatte a nettoyé les chatons ; elle les a cachés dans le grenier. Puis elle leur a donné son lait. Sophie était heureuse. Elle avait envie de prendre des photos. Maman a dit : « La chatte nourrira ses chatons pendant plusieurs jours. »

2 ✦✦ Recopie les phrases en choisissant les verbes au passé.

a) Hier, Bruno (a lu/lit) une B.D.
b) La semaine dernière, nous (visitons/avons visité) le zoo.
c) Mercredi dernier, vous (avez lancé/lancez) du pain aux canards.

3 ✦✦✦ Par groupe de deux, complétez les phrases avec le verbe entre parenthèses qui convient.

Hier, Tiki (rencontrera/a rencontré) son amie la tortue. Ils (sont allés/iront) faire une promenade au bord de la mer. Ils (trouveront/ont trouvé) des coquillages. Certains (étaient/seront) blancs, d'autres (étaient/seront) roses. Tout à coup, une grosse vague (surgira/a surgi) ; la tortue (a ri/rira). Quand ils (sont rentrés/rentreront), Tiki (aura/avait) les plumes toutes mouillées.

Conjuguer au passé composé

J'OBSERVE

Hier, Boris a fêté son anniversaire : il [   ] sept bougies. Boris a reçu beaucoup de cadeaux. Tiki lui a offert un jeu électronique. Marc [   ] un ballon. Julie a écrit un poème. En fin d'après-midi, Boris et ses amis [   ] au cinéma.

◆ **Choisis trois verbes pour compléter le texte.**

vont | sont allés | a apporté | apporte | a soufflé | souffle

◆ **Quelles sont les étiquettes que tu n'as pas utilisées ? Pourquoi ?**

◆ **Combien de mots contiennent les étiquettes que tu as utilisées ?**

Utiliser des verbes
la conjugaison

JE COMPRENDS

- Pour raconter ce qui s'est déjà passé, on peut utiliser le **passé composé**.
- Au passé composé, le verbe est **formé de deux mots**.

Exemple : *Il a invité ses amis, ils sont allés* ensemble au cinéma.

être	avoir	chanter	aller
j'**ai été** elle/il/on **a été** elles/ils **ont été**	j'**ai eu** elle/il/on **a eu** elles/ils **ont eu**	j'**ai chanté** elle/il/on **a chanté** elles/ils **ont chanté**	je **suis allé(e)** elle/il/on **est allé(e)** elles/ils **sont allé(e)s**

↘ Regarde les tableaux de conjugaison à la fin de ton livre.

JE M'EXERCE

1 ✦ **Complète avec les pronoms qui conviennent.**

a) .... ai traversé la piscine.
b) .... ont trouvé un trésor.
c) .... a chanté un refrain.
d) .... avons chanté un refrain.
e) .... as eu beaucoup de cadeaux.

2 ✦✦ **Remplace « il » par « tu », puis « tu » par « nous ».**

a) Il a eu la grippe.
b) Il a mangé des fraises.
c) Il a été malade.

3 ✦✦✦ **Par groupe de deux : un élève remplace « tu » par « il », l'autre remplace « tu » par « ils ».**

a) Tu as bavardé avec des amis.
b) Tu as écouté, et puis tu as chanté.
c) Tu as eu de la chance.
d) Tu es allé à la montagne.
e) Tu as fermé les volets ; tu as allumé un feu.

13 Le singulier ou le pluriel dans la phrase

J'OBSERVE

Ils crient.

Elle galope.

Elles galopent.

Combien y a-t-il d'animaux dans chaque image ? Remplace le pronom souligné par un des groupes nominaux suivants :

Les girafes | La girafe | Les singes

Les zèbres ☐.

Le lion ☐ la gazelle.

Le lion et la lionne ☐ la gazelle.

Regarde chaque image, puis complète les phrases avec un des verbes suivants. Que remarques-tu ?

attaquent | attaque | broutent

Fabrique une étiquette pour compléter cette phrase :

Le zèbre ☐ de l'herbe.

Exercice

Recopie les phrases qui sont au pluriel et entoure ce qui change par rapport au singulier.

a) Le petit enfant chante. / Les petits enfants chantent.
b) Le chat blanc miaule. / Les chats blancs miaulent.
c) Le clown fait une galipette sur la piste. / Les clowns font des galipettes sur la piste.

JE COMPRENDS

- Quand on parle d'un seul animal, on dit :
  Le lion attaque. La girafe galope.

On peut remplacer le **groupe nominal singulier** par le pronom *il* ou *elle* :
Il attaque. Elle galope.

- Mais quand on parle de plusieurs animaux, on dit :
  Les lions attaquent. Les girafes galopent.

On peut remplacer le **groupe nominal pluriel** par le pronom *ils* ou *elles*.
Ils attaquent. Elles galopent.

La plupart du temps, au pluriel, on ajoute un « s » au nom ou au pronom.

- Dans la phrase, **quand le sujet est au pluriel, le verbe prend aussi la marque du pluriel.** Le verbe s'accorde toujours avec le sujet.

Exemple : *Le petit zèbre saute.* → *Les petits zèbres* (groupe nominal sujet au pluriel) *sautent* (verbe au pluriel).

JE M'EXERCE

1 ✦ Choisis le verbe entre parenthèses qui convient.

a) Les sorcières (préparent/prépare) des potions magiques.
b) Le dragon (préfèrent/préfère) la soupe à la noisette.
c) Les dragons (aperçoit/aperçoivent) la sorcière.

2 ✦✦ Remplace les groupes sujets en gras par *il*, *elle*, *ils* ou *elles*.

a) **Ma sœur** a reçu une lettre.
b) **Son chien** a sauté dans l'eau.
c) **Ces fruits** sont magnifiques.
d) **Les nouvelles** sont bonnes.

3 ✦✦ Recopie les phrases en mettant le sujet au pluriel. Attention à l'accord du verbe.

a) Le chat joue avec une souris.
b) La souris se cache dans le grenier.
c) Le chat saute derrière le fauteuil.
d) La souris grignote le fromage.
e) Le chat ronronne.

4 ✦✦✦ Par groupe de deux, écrivez trois phrases en utilisant les groupes sujets et les verbes proposés.

Exemple : La sorcière se cache.

groupes sujets	verbes
la sorcière	plongent
les gardiens	plonge
la petite fille	siffle
les garçons	sifflent
	approche
	se cache
	jouent

14 Utiliser le futur

J'OBSERVE

______, la maîtresse de Tiki a dit :
« ______, vous **serez** au CE2 ; nous **travaillerons** encore ensemble. Vous **aurez** des correspondants. Nous **irons** en classe de découverte et vous les **rencontrerez.** »

◆ **Complète le texte avec les bonnes étiquettes.**

L'an prochain | La semaine dernière

◆ **Observe les verbes en gras. Est-ce qu'ils indiquent quelque chose qui s'est déjà passé ou bien quelque chose qui arrivera plus tard ?**

◆ **Complète chaque phrase avec le verbe qui convient.**

L'année prochaine, nous ______ nos correspondants.

rencontrerons | rencontrons

Avec eux, nous ______ leur région.

visitons | visiterons

JE COMPRENDS

• Quand on parle de quelque chose qui va se passer **plus tard**, on conjugue le verbe au **futur**.

Exemple : *Bientôt, Tiki ira en vacances. Il sautera de joie.*
→ Les verbes *aller* et *sauter* sont conjugués au futur.

JE M'EXERCE

1 ✦ **Entoure les verbes qui indiquent ce qui se passera plus tard.**

Aujourd'hui, le navigateur est rentré au port sous les applaudissements du public. Il était heureux. L'année prochaine, il aura un nouveau voilier. La coque du bateau sera encore plus légère. Le navigateur ira plus vite et il essaiera de battre son record de vitesse.

2 ✦✦ **Par groupe de deux, complétez le texte avec les verbes entre parenthèses qui conviennent.**

Demain, Tiki (a téléphoné/téléphonera) à son amie la tortue. Il lui (proposera/a proposé) de partir en vacances avec elle. Il lui (chuchotera/chuchotait) des choses gentilles. La tortue (sera/était) sûrement contente et ils (se promèneront/se promenaient) ensemble dans la forêt.

Conjuguer au futur

J'OBSERVE

L'été prochain, Tiki ☐ à la mer pour la première fois. Il ☐ un maillot, des lunettes de soleil, de la crème solaire. Tiki et son frère ☐ dans les vagues et s'amuseront comme des petits fous. Ils ☐ sûrement contents de leurs vacances.

◆ **Choisis quatre verbes pour compléter le texte.**

seront — étaient — ira — allait

avait — aura — plongeaient — plongeront

◆ **Les vacances à la mer sont-elles déjà passées ou auront-elles lieu plus tard ? Quelles sont les étiquettes que tu n'as pas utilisées ? Pourquoi ?**

JE COMPRENDS

- Quand on conjugue les verbes *être*, *avoir* et *aller* au **futur**, on dit :

être	avoir	aller
je se**rai**	j'au**rai**	j'i**rai**
elle/il/on se**ra**	elle/il/on au**ra**	elle/il/on i**ra**
elles/ils se**ront**	elles/ils au**ront**	elles/ils i**ront**

- On conjugue tous les verbes en « -er » comme le verbe *chanter* (sauf *aller*) :

chanter
je chante**rai**
elle/il/on chante**ra**
elles/ils chante**ront**

Regarde les tableaux de conjugaison à la fin de ton livre.

JE M'EXERCE

1 ✦ **Recopie seulement les phrases qui sont au futur.**

a) Je suis en vacances.
b) Vous irez à la pêche.
c) Nous aurons un bon matériel.

2 ✦✦ **Mets les verbes entre parenthèses au futur.**

a) Vous (avoir) des vélos.
b) Ils (aller) en forêt.
c) Elle (danser) avec moi.

3 ✦✦ **Par groupe de deux, transformez le texte. Un élève remplace « je » par « tu » ; l'autre remplace « je » par « nous ». Comparez ensuite vos phrases.**

Grâce au chapeau magique, j'aurai un pommier dans ma chambre, et je mangerai toutes les pommes de mon arbre. Je serai le garçon le plus heureux du monde. Avec le chapeau magique, j'irai en vacances et je me promènerai dans la campagne.

15 Des phrases pour interroger

J'OBSERVE

Tiki essaie de deviner ce qu'il y a dans la boîte.

a) Est-ce que c'est un gâteau ? Non.
b) C'est un vêtement ? Oui.
c) Est-il blanc ? Non.
d) De quelle couleur est-il ? Rouge.

- **Pose d'autres questions pour aider Tiki.**
- **Que remarques-tu à la fin de chaque question ?**

JE COMPRENDS

- Quand Tiki pose une **question**, il peut dire :
– *Est-ce que c'est un vêtement ?*
– *Est-il rouge ?*
– *C'est un vêtement ?*
Il peut aussi utiliser des mots comme *Combien... ?*, *Qui... ?*, *Quel... ?*
- Quand Tiki pose une question, l'intonation de la voix monte.
Quand il écrit une question, il doit mettre un **point d'interrogation** (?) à la fin de la phrase.
- Ces phrases sont des **phrases interrogatives**.

JE M'EXERCE

1 ✦ Recopie seulement les phrases interrogatives, puis lis-les à voix haute.

a) Est-ce que Benoît va arriver ?
b) Je ne sais pas.
c) Il a pris le train ?
d) D'habitude, il vient à vélo.
e) A-t-il téléphoné hier soir ?
f) Je crois que oui.

2 ✦✦ Complète les phrases avec le bon mot.

Où - Comment - Quel - Qui - Que

a) .... t'appelles-tu ?
b) .... voulez-vous faire ?
c) .... chante si bien ?
d) .... sont passées mes pantoufles ?
e) .... âge as-tu ?

Des phrases pour dire non

J'OBSERVE

Tiki essaie de deviner quel personnage se cache dans son dos.

◆ **Dis à Tiki ce qui manque dans les réponses.**

— Est-ce que c'est une fille ?	— Non, ce n'est pas une fille.
— Est-ce qu'il porte des lunettes ?	— Non, il ne porte .... de lunettes.
— Est-ce qu'il a les cheveux courts ?	— Non, il .... a .... les cheveux courts.
— Est-ce qu'il vit dans une maison ?	— Non, il .... vit jamais dans une maison.
— Est-ce qu'il aime les animaux ?	— Oui, il aime les animaux.
— Alors, c'est Mowgli !	— Comment as-tu fait pour deviner ?

JE COMPRENDS

- Quand on répond « non » à une question, on doit ajouter **« ne... pas »**, **« ne... jamais »**, **« ne... rien »**, etc.
Devant les voyelles « a, e, i, o, u, y », « ne » devient « n' ».
Exemples : *Est-ce qu'il porte des lunettes ? ⟶ Non, il ne porte pas de lunettes.*
Est-ce que c'est une fille ? ⟶ Non, ce n' est pas une fille.
- Ces phrases sont des **phrases négatives**.

JE M'EXERCE

1 ✦ **Réponds par une phrase négative.**

a) Ton chat porte-t-il des lunettes ?
b) Est-ce que la chèvre mange le loup ?
c) Milou sait-il faire du calcul ?

2 ✦✦ **Par groupe de deux, écrivez quatre phrases sur une bande de papier.**

Exemple : Louise veut ranger ses jouets.

Fabriquez ensuite quatre étiquettes : ne , n' , jamais , pas .
Découpez les phrases et faites des phrases négatives.

⟶ Louise ne veut pas ranger ses jouets.

3 ✦✦ **Par groupe de deux, trouvez la réponse qui correspond à chaque question.**

a) Combien sommes-nous en classe ?
b) Qui est le nouveau ?
c) Vous l'avez déjà vu ?
d) Quel âge a-t-il ?
e) Il veut jouer ?

1) Non, on ne l'a jamais vu.
2) Nous sommes 25.
3) Non, il ne veut pas jouer.
4) Il a 7 ans et demi.
5) C'est Lucas.

1 Je classe les mots (1)

Choisir ses mots

J'OBSERVE

une mygale

un colibri

un espadon

poisson araignée oiseau

- **Aide Tiki à ranger chaque étiquette sous la bonne image.**
- **Connais-tu tous les mots ? Dans quel livre trouves-tu l'explication des mots que tu ne connais pas ?**

JE COMPRENDS

- Tu comprends bien les mots dont tu connais le sens. Mais parfois, tu entends ou tu lis des mots que tu ne connais pas.
- Pour classer des mots, tu peux les ranger par ensemble : les *oiseaux*, les *poissons*, les *fleurs*, etc. Ces mots sont des **mots-étiquettes**.
- Pour t'aider, tu peux rechercher l'explication des mots dans un **dictionnaire**.

JE M'EXERCE

1 ★ Classe les mots suivants à droite des mots-étiquettes dans le tableau.

canapé, flûte, lit, guitare, kiwi, ananas, bleuet, fauteuil, œillet, tambour, orange, harmonica, groseille, bureau, piano

fleurs	
meubles	
instruments de musique	
fruits	

2 ★★ En t'aidant du mot-étiquette en gras, trouve l'intrus.

a) **outils :** marteau, rabot, truelle, plateau, tournevis.

b) **bateaux :** navire, paquebot, barque, marin, radeau, canoë.

c) **couleurs :** violet, beige, prune, pruneau, jaunâtre.

3 ★★★ Lis ces listes de mots. Écris les mots-étiquettes qui correspondent.

a) pinson, toucan, moineau, grue, colombe.

b) botte, sandale, basket, babouche, mocassin.

2 Je classe les mots (2)

J'OBSERVE

éléphant
poids : 5 000 kg

zèbre
poids : 600 kg

tortue
poids : 2 kg

- **Tiki veut classer ces images. Aide-le à trouver plusieurs solutions.**
- **Tiki veut ranger ces images dans un classeur avec d'autres animaux. Trouve le classement le plus simple pour qu'il puisse retrouver les images rapidement.**

Choisir ses mots – le vocabulaire

JE COMPRENDS

- Il existe plusieurs façons de classer et de trier des mots. Pour retrouver rapidement un mot, on peut utiliser **l'ordre alphabétique** :

a b c d e f g h i j k l m n o p q r s t u v w x y z

Retiens-le par cœur.

- **L'alphabet** contient **26 lettres** : **20 consonnes** et **6 voyelles**.
- Pour classer des mots dans l'ordre alphabétique, on regarde d'abord la première lettre du mot : *éléphant, tortue, zèbre.* → *éléphant* est avant *tortue.* → *tortue* est avant *zèbre.*

JE M'EXERCE

1 ✦ **Complète l'alphabet avec les lettres qui manquent.**

A B • D E F G • • J • L M • O P • R S T U • • X Y •

2 ✦✦ **Complète par la lettre qui vient avant et par celle qui vient après la lettre en bleu.**

• f • • s •
• k • • v •
• p • • y •

3 ✦✦ **Par équipes de trois, répondez le plus rapidement possible aux questions suivantes : quelle est la cinquième lettre de l'alphabet ? la dixième ? la quinzième ? la vingtième ? etc.**

4 ✦✦✦ **En changeant la première lettre de chaque mot, trouve deux mots nouveaux puis classe tes mots par ordre alphabétique.**

a) mouche → • ouche → • ouche
b) loi → • oi → • oi
c) sou → • ou → • ou

3 Je regarde dans le dictionnaire

J'OBSERVE

totem **n. m.** statue d'un animal qui protège la tribu.
Les Indiens dansent autour du totem.

toucan **n. m.** oiseau grimpeur d'Amérique du Sud, à très gros bec et au plumage coloré.
Au Brésil, il y a des toucans.

touchant **adj.** émouvant, attendrissant.
Cette histoire est touchante.

- **Tiki veut savoir ce qu'on dit de lui dans le dictionnaire. Quelles informations y trouves-tu sur le mot *toucan* ?**
- **Sais-tu ce que veut dire *n. m.* ?**
- **Quel mot trouves-tu avant *toucan* ? Quel mot trouves-tu après ? Pourquoi les mots sont-ils dans cet ordre ?**

JE COMPRENDS

- **Dans le dictionnaire**, les mots sont expliqués par une **définition**.
Exemple : toucan ⟶ oiseau grimpeur.
- Dans le dictionnaire, on trouve aussi d'autres informations.
Exemple : n. veut dire *nom ; m.* veut dire *masculin ; f.* veut dire *féminin.*
- Dans le dictionnaire, les mots sont classés par **ordre alphabétique**.
Quand la première et la deuxième lettre sont les mêmes, il faut regarder la troisième, puis la quatrième lettre, etc.
Exemple : totem est avant *toucan.*

JE M'EXERCE

1 ✦ Cherche le mot *tortue* dans le dictionnaire. Est-il avant ou après *toucan* ? Recopie la définition du mot *tortue*.

2 ✦✦ Classe les mots de chaque liste par ordre alphabétique.

a) bouger, beurre, baleine, bruit.
b) pilote, plonger, plumer, plateau, plier.
c) accident, arbitre, abricot, accrochage, arbre.

3 ✦✦ Par groupe de deux, cherchez la définition des mots suivants dans le dictionnaire et retrouvez à quel animal ils correspondent.

– coasser
– croasser
– meugler
– bêler
– caqueter
– hurler
– hennir

Choisir ses mots

4 Je fabrique des mots (1)

J'OBSERVE

un chou + une fleur = un chou-fleur (un chou en forme de fleur)

rouge + une gorge = ? (un oiseau qui a la gorge rouge)

porte (porter) + la monnaie = ? (un objet pour porter la monnaie)

- **Avec deux mots, Tiki en fabrique un autre. Aide-le à continuer.**
- **Fabrique un autre mot commençant par le mot *porte*.**
- **Avec le mot *lave*, fabrique deux mots différents.**

JE COMPRENDS

- Avec plusieurs mots, on peut fabriquer un **mot composé**.
Exemple : avec chou et fleur, on écrit le mot chou-fleur.
- Pour comprendre le sens d'un mot composé, il faut souvent regarder les deux mots qui le forment.
Exemple : *un taille-crayon* → *un objet qui sert à tailler les crayons.*

JE M'EXERCE

1 ★ À l'aide des mots en rouge et des mots en bleu, fabrique le plus de mots composés. Cherche ensuite le sens de ces nouveaux mots.

garde •
casse •

• tête
• boue
• noix
• meubles
• robe
• pieds

2 ★★ Complète les mots composés suivants.

un chausse- .... un ouvre- ....
un coffre- .... un demi- ....

3 ★★★ Par groupe de deux : un élève fabrique le plus de noms composés vrais ou imaginaires et demande à son camarade de trouver des définitions puis de dessiner ces mots.

Exemples : • un presse-papier → un objet pour empêcher les papiers de s'envoler.
• un presse-enfant → un objet pour empêcher les enfants de rêver en classe.

5 Des mots difficiles

J'OBSERVE

Tiki raconte à son amie la tortue :

« Autrefois, les tortues n'avaient pas de carapace.
Pour se protéger, elles n'avaient même pas une habitation, mais une simple hutte de paille. Elles vivaient périlleusement. »

- **Quels sont les mots les plus difficiles à comprendre ?**
- **Remplace chaque mot en rouge par la bonne étiquette.**

dangereusement | cabane | maison

- **Dans quel livre peux-tu trouver l'explication des mots difficiles ?**

JE COMPRENDS

- Certains mots de la langue française sont faciles à comprendre. Ce sont des mots courants *(une maison, un danger)*. D'autres mots sont plus difficiles, ils ne font pas partie de ton vocabulaire habituel *(une habitation, un péril)*.
- Pour **comprendre les mots difficiles** et **savoir comment les écrire**, tu peux t'aider du dictionnaire.

JE M'EXERCE

1 ✦ Relie chaque mot difficile au mot courant correspondant.

époux •	• maison
logis •	• ville
véhicule •	• mari
agglomération •	• fête
gala •	• voiture

2 ✦✦ Les animaux habitent dans des maisons aux noms parfois compliqués. En t'aidant du dictionnaire, relie chaque animal à sa maison.

poisson rouge •	• clapier
lapin •	• bauge
vache •	• aquarium
sanglier •	• étable

3 ✦✦ Remplace les mots en rouge dans le texte par les mots suivants.

volé, caractère, violent, en haut, prendre, obéissant

Le petit singe avait un tempérament plutôt agressif. Il n'était pas docile et refusait d'écouter les ordres de son maître. Un jour, après avoir dérobé une banane, il grimpa à la cime d'un arbre. Seuls les pompiers arrivèrent à le capturer.

6 Un mot, plusieurs sens

J'OBSERVE

Léa mange une glace.

Léa se regarde dans une glace.

Léa patine sur la glace.

- **Quel même mot retrouves-tu dans les phrases ? S'écrit-il de la même façon ?**
- **Remplace les mots en rouge par la bonne étiquette.**

un miroir | l'eau gelée | une crème glacée

- **Le mot *glace* a-t-il toujours le même sens ?**

JE COMPRENDS

- **Un même mot peut avoir plusieurs sens** très différents.
Exemple : une glace → un miroir ou → un dessert délicieux.
- Pour comprendre le sens d'un mot, on peut s'aider des autres mots de la phrase.
Exemple : Sacha monte la côte à vélo. / Sacha s'est cassé une côte.

JE M'EXERCE

1 ✦ **Lis les devinettes et retrouve la bonne réponse parmi les mots suivants.**

une règle, un air,
une punaise, un café

a) Je suis un insecte. Je sers aussi à accrocher des dessins aux murs.

b) Je suis de la musique. Je suis aussi ce que l'on respire.

c) Je sers à tirer des traits. Je suis aussi ce que tu dois apprendre.

d) Je suis une boisson chaude. Je suis aussi l'endroit où on me boit.

2 ✦✦ **Complète les paires de phrases par le même mot.**

a) Ali •••• les bougies sur son gâteau.
Dan •••• la réponse à son voisin.

b) Papa met une •••• et une cravate.
Léa range son dessin dans une •••• .

3 ✦✦✦ **Les mots suivants ont deux sens différents. Fais une phrase pour chaque sens.**

rose, ampoule, place, feuille, phare

Exemple : J'ai cueilli une jolie rose.
Léa a mis son pull rose.

Choisir ses mots — le vocabulaire

7 Des mots qui se ressemblent

J'OBSERVE

Qui suis-je ?
1) Je suis au bout de l'hameçon pour attirer le poisson.
2) Je suis un objet qu'on utilise pour boire.
3) Je suis la couleur des feuilles et des fruits pas mûrs.
4) Je suis un petit mot qui sert à indiquer une direction.
5) Je suis une ligne d'un poème.

vers | un verre | un vers | un ver | vert

- **Aide Tiki à placer la bonne étiquette devant chaque devinette.**
- **Lis les mots à voix haute. Que remarques-tu ?**

JE COMPRENDS

- **Il y a des mots** qui n'ont pas le même sens mais **qui se prononcent de la même façon.**
- Quand tu les entends ou quand tu les lis, les autres mots de la phrase t'aident à comprendre de quel mot on parle.
- Mais lorsque tu dois les écrire, **il ne faut pas les confondre**.

Exemple : *Mon père s'est acheté trois paires de lunettes car il les perd souvent.*

JE M'EXERCE

1 ✦ Complète les phrases avec les mots proposés.

a) court, cour, cours.
Sacha •••• à toute allure, il a peur d'être en retard à son •••• de judo, il a trop joué avec ses amis dans la •••• de récréation.

b) maire, mère, mer.
La •••• de Farid a été élue •••• d'un joli petit village. Ce village est au bord de la •••• Méditerranée.

2 ✦✦ Utilise chacun de ces mots dans une phrase.

a) champ, chant.
b) boue, bout.
c) poing, point.
d) sans, cent, sang.

3 ✦✦ Trouve les mots qui correspondent aux devinettes. Vérifie leur orthographe dans le dictionnaire.

a) Une jolie histoire comme celle de Cendrillon, c'est un •••• .
Quand on fait un calcul, on •••• .

b) Un petit légume vert tout rond, c'est un petit •••• .
Le nombre de kilos que tu pèses c'est ton •••• .

4 ✦✦✦ Par groupe de deux, choisissez deux mots qui se ressemblent. Posez ensuite une devinette à la classe qui doit retrouver les mots (vous pouvez vous aider du dictionnaire).

8 Les mots des consignes

J'OBSERVE

Voici ce que Tiki a recopié dans son cahier de texte :

1. Français
Encadre les verbes du texte page 35.
2. Mathématiques
Encadre le nombre « 99 » par les nombres qui viennent juste avant et après.
3. Arts plastiques
Encadre ton dessin.

◆ **Quel même mot retrouves-tu dans ces consignes ? Tiki doit-il faire la même chose dans les trois exercices ?**

◆ **Recherche dans tes livres des verbes qui servent à donner des consignes. Exemple : *Relève, repère,...* Explique leur sens.**

Choisir ses mots — le vocabulaire

JE COMPRENDS

- Pour réussir un exercice, il faut d'abord bien lire la **consigne**.
Dans la consigne, c'est **le verbe** qui **t'indique ce que tu dois faire**.
- Le travail à faire peut être très différent pour un même verbe.

Exemple : Encadre = *Entoure à la règle.*
Encadre = *Écris devant et derrière.*
Encadre = *Dessine un cadre.*

- Les consignes sont parfois écrites avec **des verbes qui se ressemblent**.

Exemple : Relis = *Lis une deuxième fois.* / Relie = *Joins par un trait.*

JE M'EXERCE

1 ✦ **Exécute les consignes.**

a) Recopie cette phrase :
Sarah a un chat.
b) Encadre le deuxième mot.
c) Souligne le nom d'un animal.
d) Surligne en jaune le prénom.

2 ✦✦ **Voici des consignes d'exercices à faire sur les nombres suivants :**

12	211	201	21

1. Relie le plus petit nombre au plus grand.
2. Entoure le plus grand nombre.
3. Classe les nombres par ordre croissant.
4. Encadre le plus petit nombre par ceux qui viennent juste avant et après.

Retrouve la réponse qui correspond à chaque consigne.

a) 11 < 12 < 13
b) 12, (211), 201, 21
c) 12 ⌣ 211
d) 12, 21, 201, 211

9 Des mots pour dire le contraire

J'OBSERVE

Voici Poivre.

Voici Sel.

- **Quelles différences vois-tu entre Sel et Poivre ?**
- **Complète la phrase avec les bonnes étiquettes.**

petit | méchant | gentil | gros

Poivre a l'air ____, Sel a l'air ____.
Poivre est un ____ chien, Sel est un ____ chien.

- **Compare les mots en rouge et les mots en vert. Que remarques-tu ?**

JE COMPRENDS

- Certains mots ont des **sens opposés**. Ce sont des **mots contraires**.

Exemple : Poivre est méchant, Sel est gentil.
→ *méchant* et *gentil* sont des mots contraires.

JE M'EXERCE

1 ✦ **Relie les mots contraires.**

descendre •	• foncé
lentement •	• la saleté
clair •	• monter
la propreté •	• rapidement

2 ✦✦ **Complète le portrait de Poivre avec les contraires des mots en vert.**

Sel est toujours de bonne humeur, Poivre, lui, est souvent de .... humeur. Sel obéit toujours, Poivre .... souvent. Évidemment, il faut sans arrêt .... Poivre et récompenser Sel.

3 ✦✦ **Classe les mots de la liste dans le tableau.**

grand, gros, joli, âgé, immense, joyeux, ancien, beau, épais, gai

Le contraire de :
jeune →
laid →
petit →
mince →
triste →

10 Des mots pour dire la même chose

J'OBSERVE

Croquer de temps en temps un bonbon ou du chocolat, c'est un plaisir. Grignoter tous les jours entre les repas des friandises, c'est une erreur ! Manger parfois des frites ou du saucisson, c'est possible et c'est un plaisir. Dévorer tous les jours des cacahuètes et des chips, avaler des tartines de pâté ou des pâtisseries à la crème, c'est une erreur.

Comité français d'éducation pour la santé. *Recette junior*, D. R.

◆ **Par quelle étiquette pourrais-tu remplacer tous les mots en rouge ?**

boire manger

◆ **Par quels mots du texte peux-tu remplacer le mot en vert ?**

Choisir ses mots — *le vocabulaire*

JE COMPRENDS

- Les mots *croquer*, *avaler*, *grignoter*, *dévorer* ont presque le même sens, ils veulent tous dire *manger*. Mais on mange de façon différente si l'on grignote ou si l'on croque. Ces mots ont des **sens très proches**.
- Les mots qui ont presque le même sens s'appellent des **synonymes**. Tu peux les utiliser pour éviter de répéter le même mot.

JE M'EXERCE

1 ✦ Dans chaque phrase, entoure deux mots qui ont presque le même sens.

a) Dans les contes, le méchant loup a toujours un mauvais caractère.
b) La petite chèvre de Monsieur Seguin était si gaie, si joyeuse.
c) Un des trois petits cochons s'était construit une cabane, l'autre une hutte.

2 ✦✦ Relie entre eux les synonymes.

enfant •	• bizarre
vieux •	• sottement
étrange •	• gamin
bêtement •	• ancien

3 ✦✦ Remplace le verbe *mettre* par un des synonymes proposés.

jeter, enfiler, ranger

a) Mettre un pantalon.
b) Mettre un papier à la poubelle.
c) Mettre chaque chose à sa place.

4 ✦✦✦ Par groupe de deux, remplacez le verbe *faire* par un synonyme.

a) Faire un feu.
b) Faire des photos.
c) Faire trente kilos.
d) Faire ses lacets.

11 Des mots en famille

J'OBSERVE

La mer s'est retirée
Qui la ramènera ?
La mer est démontée
Qui la remontera ?
La mer est emportée
qui la rapportera ?
La mer est déchaînée
qui la rattachera ?
Un enfant sur la plage avec un collier de coquillages.

© J. Charpentreau, *Poèmes pour les amis*, 1963.

◆ **Aide Tiki à compléter le tableau avec les mots en couleur dans le texte.**

monter	porter	chaîne	attacher
démontée, ...	....	....	....

◆ **Classe les étiquettes suivantes dans ton tableau.**

enchaîner | montage | porteur | détacher

JE COMPRENDS

- À partir de mots simples (ou **mots de base**), on peut en former d'autres.
  Exemples : monter → *démonter, remonter, un montage.*
  porter → *emporter, rapporter, un porteur.*
- Les mots formés à partir d'un même mot de base sont des **mots de la même famille**.
  Exemple : grand → mots de la même famille : *grandir, grandeur, agrandir.*

JE M'EXERCE

1 ✦ **Retrouve le mot de base de chaque famille et écris-le.**

a) allonger, longueur, longuement.
b) nommer, prénom, surnom.
c) décharger, chargement, recharge.

2 ✦✦ **Trouve le mot qui n'est pas de la même famille.**

a) prévenir, devenir, vernir, venir.
b) sautiller, saut, sottise, sursauter.

3 ✦✦✦ **Classe les mots en trois familles. Attention aux pièges !**

poisson, empoisonner, poison, poissonnier, prison, empoisonnement, prisonnier, poissonnerie, emprisonner

4 ✦✦✦ **Par groupe de deux, cherchez le plus de mots possible de la famille de *chant* et de *ménage*. Vous pouvez vous aider du dictionnaire.**

12 Je fabrique des mots (2)

J'OBSERVE

La maman de Tiki est très en colère :

« Tiki, tu commences à m'énerver. Tu es vraiment trop désobéissant. Ta chambre est toujours en désordre. Alors, écoute-moi bien. Tu vas me promettre d'être plus ____, de remettre ta chambre en ____ et de ne plus ____ à faire des bêtises. »

- **Complète le texte avec les bonnes étiquettes.**

recommencer | obéissant | ordre

- **Observe les mots en couleur. Qu'est-ce qu'on a ajouté à *obéissant* pour dire le contraire ?**
- **Trouve le mot qui veut dire le contraire du mot *ordre*.**

JE COMPRENDS

- On peut fabriquer des mots nouveaux en ajoutant un groupe de lettres **(un préfixe)** au **début d'un mot**.
- **Pour dire le contraire**, on peut ajouter :
  - dé ou des → *défaire, désobéissant ;*
  - in, im ou mal → *inutile, impossible, malheureux.*
- **Pour dire « plusieurs fois »**, on peut ajouter re : → *refaire, redire, recommencer.*
- **Pour dire « avant »**, on peut ajouter pré : → *prénom, préhistoire.*

JE M'EXERCE

1 ★ **Fabrique des mots nouveaux en ajoutant dé puis re au début des mots suivants.**

faire, poser, boucher, plier, mettre, planter

2 ★★ **Fabrique des mots nouveaux en reliant chaque préfixe à un mot de la colonne de droite.**

pré •	• adroit
mal •	• pluie
para •	• charger
im •	• possible
sur •	• voir

3 ★★ **Entoure ce que l'on a ajouté devant le mot de base. Cherche dans le dictionnaire l'explication des mots que tu ne connais pas.**

désagréable, prédire, surélever, parachute, indiscret, prévenir

4 ★★★ **Par groupe de deux : à partir des mots suivants, cherchez de nouveaux mots.**

boutonner, livrer, porter, heureux, monter

13 Je fabrique des mots (3)

J'OBSERVE

Le Papa de Violette est ☐.
Aujourd'hui, il travaille dans le ☐ de la mairie.
Comme son papa, Violette aime beaucoup le ☐.

◆ **Complète le texte avec les bonnes étiquettes.**

jardin — jardinage — jardinier

◆ **Observe les étiquettes. Quel est le mot le plus court ?**

◆ **Qu'est-ce qu'on a ajouté au mot *jardin* pour fabriquer un nom de métier ? et pour fabriquer le nom d'une activité ?**

JE COMPRENDS

• On peut fabriquer des mots en ajoutant un groupe de lettres **(un suffixe)** à la **fin d'un mot**. Exemple : *un jardin* → *le jardinage.*

• **Pour créer un nom de métier**, on peut ajouter :

er (ère) → *un boucher, une bouchère*
ier (ière) → *un jardinier, une fermière*
iste → *un dentiste, une flûtiste*
eur (euse) → *un vendeur, une danseuse*

• **Pour dire « un(e) petit(e)... »**, on peut ajouter :

et → *un muret, un jardinet*
ette → *une maisonnette*
on → *un chaton, un ânon*
eau → *un éléphanteau*

JE M'EXERCE

1 ✦ **Retrouve les noms de métier.**

a) Il vit de la pêche, c'est un .... .
b) Elle vend du poisson, c'est une .... .
c) Il vend des fleurs, c'est un .... .
d) Elle fait des cascades, c'est une .... .

2 ✦ **Continue comme dans l'exemple.**

Exemple : une petite courge
→ une courgette.

a) une petite cloche
b) une petite fille
c) un petit coffre
d) une petite cuve
e) un petit livre

3 ✦✦ **Complète le tableau avec un mot de la même famille.**

	un métier	un lieu
....	gardien	garderie
patin	patineur	....
plongeon	....	plongeoir

4 ✦✦ **Voici des noms de petits animaux. Retrouve pour chacun le nom qu'il aura en grandissant.**

un ourson, un chaton, un ânon,
un lionceau, un éléphanteau,
un oisillon, un lapereau, un aiglon

Choisir ses mots

14 Des expressions imagées

J'OBSERVE

Le cousin de Tiki n'a pas sa langue dans sa poche, il passe son temps à se moquer de son petit frère Miki. Il a un cœur de pierre ! Mais Tiki qui a le cœur sur la main, console Miki quand il a le cœur gros.

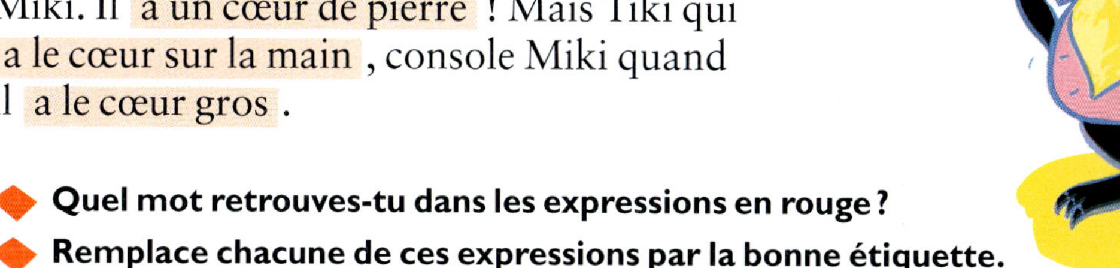

- **Quel mot retrouves-tu dans les expressions en rouge ?**
- **Remplace chacune de ces expressions par la bonne étiquette.**

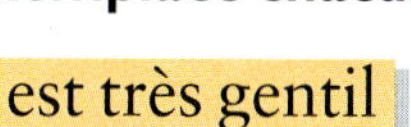

est très gentil | est méchant | est triste

- **Que signifie l'expression en bleu ? Est-il possible d'avoir vraiment sa langue dans sa poche ?**

JE COMPRENDS

- En français, on utilise parfois des **expressions imagées**. Pour comprendre le sens de ces expressions, tu peux **imaginer** ce qui arriverait si ce qu'elles disent se passait vraiment.

Exemples : *Il a un cœur de pierre* (si son cœur était en pierre, il serait très dur).
→ *Il est dur avec les autres, il est méchant.*
Il n'a pas sa langue dans sa poche (s'il avait sa langue dans sa poche, il ne pourrait pas parler). → *Il parle beaucoup.*

JE M'EXERCE

1 ✦ Complète les phrases avec les mots suivants.

pouces, jambes, main,
ventre, talons

a) Le loup a pris ses .... à son cou.
b) Le voisin nous a donné un coup de .... pour réparer le toit.
c) L'ogre a eu les yeux plus gros que le .... .
d) Antoine a fini son travail, il se tourne les .... .
e) Je n'ai pas encore mangé, j'ai l'estomac dans les .... .

2 ✦✦ Relie chaque expression imagée à une expression de même sens.

a) être en tête	• être énervé
b) faire la tête	• réfléchir
c) se creuser la tête	• être le premier
d) en avoir par-dessus la tête	• bouder

3 ✦✦✦ Par groupe de deux, cherchez le plus d'expressions possible contenant des mots du corps (oreille, pieds, nez, langue). Vous pouvez ensuite les dessiner pour vous amuser.

15 Jeux de mots

J'OBSERVE

Tiki et la tortue ont écrit des messages amusants pour inviter leurs amis.

◆ **Quels mots te paraissent étranges dans le menu de Tiki ? Remplace-les par les mots justes. Le menu est-il toujours aussi amusant ?**

◆ **Dans le message de la tortue, retrouve les deux mots qui se cachent dans chaque mot en rouge.**

JE COMPRENDS

• **Tu peux jouer avec les mots** de plusieurs façons :
– en changeant une ou plusieurs lettres dans un mot ;
Exemple : *des fraises au sucre → des braises au sucre.*
– en inventant un mot à partir de deux mots qui ont une syllabe commune.
Exemple : *ravioli* et *limace* → *raviolimace*.

JE M'EXERCE

1 ✦ Écris de drôles de phrases en modifiant les mots en rouge.

a) Le soir, Patrick prend une bonne douche fraîche avant de dormir.

b) Salima adore le gigot de mouton et la soupe de poisson.

c) Max range le linge qu'il a repassé.

d) Un petit enfant propre ne met pas ses doigts dans son nez.

2 ✦ Fabrique de nouveaux jours de la semaine en prenant un mot dans chaque liste.

Exemple : lundi et dictionnaire
→ lundictionnaire

lundi	différent
mardi	dictionnaire
mercredi	cheval
jeudi	division
vendredi	dinosaure
samedi	difficile
dimanche	dictée

J'écris le son…

[a] de « papa » — un rat, un ami, un pâté
[i] de « midi » — ici, un stylo, une île
[o] de « moto » — un vélo, une auto, de l'eau, une côte
[y] de « tutu » — la lune, une voiture
[e] de « bébé » — l'été, un escalier, un nez, les, et
[ɛ] de « laitière » — la crème, la tête, le lait, une baleine, un bec, merci
[ø] de « neveu » — une fenêtre, je, le, deux
[u] de « toutou » — un mouton, nous

J'écris le son…

[ɑ̃] de « enfant » — un pantalon, une lampe, de l'encre, le temps
[ɛ̃] de « tintin » — un jardin, impossible, la main, la peinture, un chien
[ɔ̃] de « bonbon » — un pantalon, une ombre

J'écris le son…

[j] de « fille » — une bille, payer, un réveil, des rails, le pied
[wa] de « toit » — un roi, un oiseau
[wɛ̃] de « moins » — un point, un babouin

J'écris le son…

[p] de « papi » — papa, une nappe
[b] de « bobine » — bon, une abbaye
[t] de « tatie » — le toit, une botte
[d] de « dindon » — deux, une addition
[l] de « lilas » — un livre, aller
[r] de « rire » — une rue, un barrage
[m] de « maman » — une maison, une gomme
[n] de « nounou » — un nombre, il donne
[f] de « fanfare » — la farine, une affaire, une photo
[v] de « vivant » — un vélo, un wagon

DES SONS ET DES LETTRES

[k] de « coq » un **c**adeau, un pa**qu**et, le s**k**i, d'a**cc**ord, un ti**ck**et

[g] de « gong » une **g**are, une **gu**itare

[ʃ] de « chouchou » une po**ch**e, un **sch**éma

[ʒ] de « joujou » un **j**ardin, un **j**eu, **g**entil

[s] de « sauce » le **s**oleil, mer**c**i, une le**ç**on, la récréa**t**ion

[z] de « zigzag » une ro**s**e, **z**éro, deu**x**ième

J'écris le son…

[ks] de « taxi » la bo**x**e, un a**cc**ident

[gz] de « exemple » un e**x**amen

[ɲ] de « montagne » une li**gn**e, mi**gn**on

ÉCRIRE L'ALPHABET

a b c d e f g h i j k l m

n o p q r s t u v w x y z

A B C D E F G H I J K L M

N O P Q R S T U V W X Y Z

A B C D E F G H I J K L M

N O P Q R S T U V W X Y Z

La petite fille | mange | une pomme | tous les matins | dans la cuisine.

De qui on parle ?
(De quoi on parle ?)

Qu'est-ce qu'on en dit ?

- **De qui ou de quoi on parle ?** → On parle d'une petite fille.

Pour trouver le sujet, on peut poser la question « Qui est-ce qui… ? ».
Qui est-ce qui mange ? C'est la petite fille.

La petite fille est le **groupe nominal sujet**. Il indique de qui ou de quoi on parle.

- **Qu'est-ce qu'on en dit ?** → On dit qu'elle mange une pomme tous les matins dans la cuisine.

  - **Que fait la petite fille ?** → Elle mange une pomme.

    mange est le **verbe**. Il indique ce que fait le sujet.
    pomme est un nom qui complète le verbe *mange*.

  - **Quand mange-t-elle une pomme ?** → Tous les matins.

    Quand on raconte une histoire, on peut indiquer **quand** se passe l'histoire.

  - **Où mange-t-elle une pomme ?** → Dans la cuisine.

    Quand on raconte une histoire, on peut indiquer **où** se passe l'histoire.

La petite fille (**sujet**) *mange* (**verbe**) *une pomme*
→ quand ? : *tous les matins*
→ où ? : *dans la cuisine*

1) Le verbe et son sujet

- Quand on change le groupe nominal sujet ou quand on change les pronoms sujets, on dit qu'on conjugue le verbe.

- Quand le sujet change, la fin du verbe change aussi.

Exemples : *Le garçon chant**e**.* ⟶ *Les filles chant**ent**.*

*je chant**e***	*nous chant**ons***
*tu chant**es***	*vous chant**ez***
*il chant**e**, elle chant**e***	*ils chant**ent**, elles chant**ent***

Regarde les tableaux de conjugaison à la fin de ton livre.

2) Les temps : passé, présent, futur

ce qui s'est passé	ce qui se passe	ce qui se passera
passé	**présent**	**futur**

- Pour raconter ce qui s'est déjà passé, on conjugue les verbes à un temps du passé.

Exemple : *Le mois dernier, nous **sommes allés** (passé composé) chez Mamie. J'**étais** (imparfait) content.*

- Pour raconter ce qui se passe au moment où l'on parle, on conjugue le verbe au présent.

Exemple : *Aujourd'hui, nous **allons** (présent) à l'école.*

- Pour raconter ce qui va se passer plus tard, on conjugue le verbe au futur.

Exemple : *L'été prochain, nous **retournerons** (futur) chez Mamie.*

Regarde les tableaux de conjugaison à la fin de ton livre.

Écrire les mots

Le féminin

• Un nom peut être masculin ou féminin. Dans un groupe nominal, quand le nom est féminin, l'adjectif est au féminin.

• Pour indiquer le féminin, on met en général un « e » à la fin de l'adjectif.

Exemple : *un petit appartement*
→ *une petit**e** maison.*

• Parfois, entre le masculin et le féminin, on entend et on voit les changements.

Exemple : *un arbre vert*
→ *une voiture vert**e**.*

• Parfois, on n'entend pas les changements, mais on les voit.

Exemple : *un joli gâteau*
→ *une joli**e** tarte.*

Le pluriel

• Quand on parle de plusieurs personnes, animaux ou choses, on met le nom au pluriel.

• Au pluriel, les noms et les adjectifs se terminent généralement par un « s ».

Exemple : *des petit**s** enfant**s**, les jeune**s** tourterelle**s**, des table**s** ronde**s**.*

Les mots « des » et « les » placés devant le nom indiquent que le nom est au pluriel.

• Quand le sujet d'un verbe est au pluriel, le verbe prend aussi la marque du pluriel et se termine par « nt ».

Exemple : *La petite grenouille saute dans la mare.*
→ *Les petites grenouilles saute**nt** dans la mare.*

Les mots invariables

Ce sont des mots qui s'écrivent toujours de la même manière.

Exemples : *après, avant, avec, chez, dans, pendant, sans, sous, vers, mais, donc, quand, puisque, parce que, beaucoup, longtemps, moins, assez, maintenant, bientôt, alors, devant, puis, plusieurs, toujours, jamais, dehors, aujourd'hui, rien, souvent, loin.*

Construire des phrases

1. La phrase

• Une phrase est formée de plusieurs mots qui, ensemble, ont un sens.
« Le mange sa. » ne veut rien dire.
Ce n'est pas une phrase.

• Une phrase commence par une majuscule et se termine par un point.

Exemple : ***L**e petit chat mange sa pâtée**.***

• Pour raconter une histoire, on a en général besoin de plusieurs phrases qui forment un texte.

Exemple : *Le petit chat a faim. Il miaule. Maman l'entend. Elle lui donne sa pâtée.*

Les phrases interrogatives

• Pour poser une question, on utilise une phrase interrogative.

• Les phrases interrogatives commencent par une majuscule et se terminent par un point d'interrogation (**?**).

On peut poser des questions de plusieurs façons :

Est-ce que** Ronan va à l'école **?
*Ronan va**-t-il** à l'école **?***
*Ronan va à l'école **?***

Les phrases négatives

• Pour répondre « non » à une question, on utilise une phrase négative.

• On utilise **« ne… pas »**, **« ne… jamais »**, **« n'… pas »**, etc.

Exemples : *Est-ce que Ronan va à l'école ?*
→ *Non, il **ne** va **pas** à l'école.*
→ *Non, il **ne** va **jamais** à l'école.*
Est-ce que Ronan aime la soupe ?
→ *Non, il **n'**aime **pas** la soupe.*

2. Le nom

Il permet de savoir de qui ou de quoi on parle : d'une personne *(un élève)*, d'un animal *(un chat)*, d'un objet *(une table)*, d'une idée *(le bonheur)*.

Les noms propres

• Ils commencent par une majuscule.

• Ce sont surtout :
– les prénoms : *Camille, Karim* ;
– les noms de famille : *Dupond, Durand* ;
– les noms de villes et de pays : *la France, l'Italie, Lyon, Bordeaux.*

Les noms communs

• Devant les noms communs, on trouve des petits mots comme *un, une, le, la, mon, ton, son…*

Exemples : ***un** gâteau, **une** banane, **le** renard, **la** cigogne.*

Les noms du genre féminin

Devant certains noms, on utilise des mots comme *une, la, l', ma, ta, sa.*
Ce sont des noms du genre féminin.

Exemples : ***une** maison, **la** fenêtre, **l'**école, **ma** voiture, **ta** trousse, **sa** règle.*

Les noms du genre masculin

Devant certains noms, on utilise des mots comme *un, le, l', mon, ton, son.*
Ce sont des noms du genre masculin.

Exemples : ***un** train, **le** livre, **l'**avion, **mon** vélo, **ton** ordinateur, **son** cahier.*

3. Le groupe nominal

• Avant ou après un nom, on trouve souvent des mots qui nous renseignent sur le nom.

Exemples : *un **grand** arbre,*
*une pomme **rouge**,*
*un enfant **très gourmand**.*

• Le nom et les mots qui accompagnent le nom forment un groupe nominal.

Exemples : *Son manteau vert est déchiré.* (*Son manteau vert* : **groupe nominal**)
Il mange une pomme. (*une pomme* : **groupe nominal**)

4. Le verbe

• Le plus souvent, le verbe indique ce que fait le personnage de l'histoire.

Exemple : Yves ***mange*** *du pain.*
Que fait Yves ? Il mange.
→ Le mot « mange » est le verbe.

• Parfois, le verbe sert à décrire.
Exemple : La voiture ***est*** *rouge.*

L'infinitif du verbe

• Quand le verbe n'est pas conjugué, il est à l'infinitif.
Exemples : chanter, être, avoir, jouer, finir, boire, peindre, prendre, venir sont des verbes à l'infinitif.

• Pour trouver un verbe dans le dictionnaire, il faut connaître son infinitif.

5. Le sujet du verbe

Le sujet du verbe indique de qui ou de quoi on parle. Pour trouver le sujet d'un verbe, on peut poser la question « Qui est-ce qui… ? ».
Exemple : ***Émilie*** *joue du piano.*
Qui est-ce qui joue du piano ?
C'est Émilie qui joue du piano.
→ *Émilie* est le sujet du verbe *jouer*.

Choisir ses mots

L'alphabet

• L'ensemble des lettres forme l'alphabet.

• L'alphabet contient :
– 6 **voyelles** : a, e, i, o, u, y ;
– 20 **consonnes** : b, c, d, f, g, h, j, k, l, m, n, p, q, r, s, t, v, w, x, z.

L'ordre alphabétique

• C'est l'ordre dans lequel sont classés les mots dans le dictionnaire :
a, b, c, d, e, f, g, h, i, j, k, l, m, n, o, p, q, r, s, t, u, v, w, x, y, z.

• Pour classer dans l'ordre alphabétique deux mots qui commencent par la même lettre, il faut regarder la deuxième et même parfois la troisième lettre.
*Exemples : b**a**teau* est avant *b**o**uger.*
*ba**s**culer* est avant *bâ**t**on.*

La définition d'un mot

C'est l'explication d'un mot.
Le dictionnaire donne la définition des mots.
Exemple : hennissement : cri du cheval.

Une famille de mots

Ce sont les mots formés à partir d'un même mot simple.
Exemple : ***voile****, voilier, voilette, dévoiler.*

Les synonymes

Ce sont des mots qui ont presque le même sens. On dit qu'ils sont de sens voisin.
Ils servent souvent à éviter les répétitions.
Exemple : Le loup est ***méchant****.*
Le loup est ***féroce****.*
méchant et *féroce* sont des synonymes.

Les contraires

Ce sont des mots qui ont des sens opposés.
Exemple : Le loup est ***méchant****.*
Le loup est ***gentil****.*
méchant et *gentil* sont des contraires.

LEXIQUE

Les mots expliqués ci-dessous sont signalés par une étoile * dans les textes de lecture.

mâcher (p. 7) :
Tiki écrase dans son bec les fruits qu'il mange avant de les avaler.

1 Listes et recettes

un clou de girofle (p. 13) :

C'est une épice qui donne du goût à des tisanes par exemple.

un brin de thym (p. 13) :

C'est une plante qui sert à parfumer des plats cuisinés.

2 Drôles d'histoires

le vacarme (p. 19) :
C'est un bruit extrêmement fort. Par exemple lorsque des gens crient ou s'amusent...

des chaussons brodés (p. 22) :

3 Invitations

du jus de sureau (p. 26) :
C'est une sorte de jus de fruit.

4 Petits malheurs

à tâtons (p. 34) :
On marche à tâtons quand on est dans l'obscurité et qu'on ne voit rien.

du bicarbonate (p. 34) :
C'est une sorte de sel qu'on utilise quand on a mal à l'estomac.

une bonbonne (p. 36) :

Quand César dit « Nom d'une bonbonne ! », il emploie une expression amusante.

il l'ausculte (p. 36) :
Quand tu es malade, le docteur t'ausculte : il écoute les battements de ton cœur, il examine ta gorge, tes oreilles...

il gémit de fureur (p. 36) :
César se plaint beaucoup, car il est en colère de ne pas pouvoir marcher normalement.

une migraine (p. 36) :
C'est quand on a très mal à la tête.

6 Rêves et mensonges

un fagot (p. 45) :

On fait des fagots de bois avec des branches et des brindilles.

une écrevisse (p. 45) :

C'est une sorte de grosse crevette que l'on pêche dans les rivières.

un perron (p. 48) :
C'est un petit escalier qui mène à l'entrée d'une maison.

7 S'informer

du fourrage (p. 58) :
Ce sont les plantes, comme le foin ou le maïs, qui servent à nourrir les animaux.

des eaux usées (p. 60) :
On appelle ainsi les eaux utilisées et salies par l'homme.

il englue (p. 60) :
Le pétrole recouvre les oiseaux et les animaux marins d'une matière collante.

9 Sacrées sorcières !

des péripéties (p. 69) :
Ce sont des événements auxquels on ne s'attend pas et qui s'enchaînent.

un bûcher (p. 72) :

C'est un gros tas de bois sur lequel on brûlait autrefois certaines personnes condamnées à mort (par exemple Jeanne d'Arc).

10 Expérimenter

une horloge à eau (p. 78) :
C'est un instrument qu'on utilisait autrefois pour mesurer le temps qui passe.

11 Qui parle ?

elles s'entrechoquaient (p. 83) :
On a les dents qui s'entrechoquent quand elles se cognent les unes contre les autres (par exemple quand on a très froid ou très peur).

une bestiole (p. 83) :
C'est une petite bête.

un engin (p. 83) :
Dans l'histoire de *Niouc*, c'est la machine avec laquelle Niouc est arrivé sur la Terre (une soucoupe volante ou une fusée...).

ils trébuchèrent (p. 84) :
Le père et ses deux enfants se cognent dans le noir contre des objets, et ils tombent par terre.

13 Quels personnages !

un python (p. 101) :
C'est un serpent de grande taille et très dangereux. Il étouffe les animaux qu'il attrape, avant de les avaler.

elles ternirent (p. 101) :
Ses écailles perdirent leurs couleurs.

il empoigna (p. 102) :
Il attrapa.

un pinson (p. 102) :
C'est un petit oiseau qui chante très bien. On utilise l'expression « chanter ou siffler comme un pinson » pour dire d'une personne qu'elle chante très bien.

en écarquillant les yeux (p. 104) :
C'est quand on ouvre grand les paupières.

soutirer un frisson (p. 104) :
Soutirer, c'est obtenir quelque chose d'une personne.

sourciller (p. 104) :
C'est montrer qu'on n'est pas content, comme si on fronçait les sourcils.

14 Les animaux

la cavalière (p. 107) :
Dans le texte, c'est la personne avec qui le chat danse.

un emplâtre (p. 110) :
C'est une sorte de gros pansement.

15 Démons mystérieux

une fiole (p. 113) :
C'est une petite bouteille de verre, étroite en haut.

maléfiques (p. 113) :
Qui veulent du mal ou qui causent des malheurs.

ils dérivent (p. 113) :
Ils se laissent porter par le courant de la mer, sans direction précise.

il a fracassé (p. 114) :
Il a cassé la bouteille avec violence.

le bastingage (p. 114) :
C'est une barrière faite avec du bois ou des caisses sur les bateaux d'autrefois. Elle servait à se protéger des tirs des ennemis.

il a pulvérisé (p. 114) :
Il a détruit d'un seul coup.

l'épave (p. 116) :
C'est ce qui reste d'un bateau qui a fait naufrage.

il est un peu dérangé (p. 116) :
C'est une expression familière pour dire d'une personne qu'elle est un peu folle.

Remerciements

Nous remercions pour leur participation Mme Artigas, M. Casimir et M. Pillet (IMF, Tournan-en-Brie) ; Mme Rouillon (IMF, école La Malnoue 2 à Emerainville) ; Mme Provenzano et Mlle Tanguy (école Jules Ferry à Lieusaint).

Illustrateurs

Agniechka : unité 1, pp. 13 à 18. **Marianne Dupuy-Sauze** : unité 2, pp. 19 à 24 ; unité 14 : pp. 107 à 112. **Bernadette Pons** : unité 3, pp. 25 à 30. **Maïté Laboudigue** : unité 4, pp. 33 à 38 ; unité 6 : pp. 45 à 50. **Élisabeth Schlossberg** : unité 5, pp. 39 à 44 ; unité 8 : pp. 63 à 68. **Olivier Vaillon** : unité 7, pp. 57 à 62 ; unité 10, pp. 77 à 82. **Annie-Claude Martin** : unité 9, pp. 69 à 74 ; unité 11, pp. 83 à 88. **Michel Fayaud** : unité 12, pp. 89 à 94. **Vanessa Gauthier** : unité 13, pp. 101 à 106 ; unité 15 : pp. 113 à 118. **François San Millan** : pp. 31, 51, 53, 75, 95, 97, 98, 119. **Christian Maréchal** (Killiwatch) : illustrations du toucan pp. 7 à 10, 53, 54, 97, 98, 122 à 182. **Laurent Audouin** : pp. 124 à 182, pp. 190-191.

Conception graphique : **Killiwatch**
Mise en pages : **Killiwatch** et **Esperluette**
Couverture : **Killiwatch**
Coordination artistique : **Léa Verdun**
Coordination éditoriale : **Pascale Beauvois**
Édition : **Anne Samain**
Iconographie : **Marie-Thérèse Mathivon**
Calligraphie : **Nicole Vilette**
Cursive : **Bonté Divine !**

N° d'éditeur 10070375 - (II) - (95) - CABL 90° - C.G.I. - Février 2000 - Imprimé en Italie par N.I.I.A.G. - Bergamo

CHANTER

Modèle des verbes terminés par « **-er** » à l'infinitif

INDICATIF

Présent		Imparfait		Passé composé			Futur simple	
je	chant**e**	je	chant**ais**	j'	**ai**	chanté	je	chanter**ai**
tu	chant**es**	tu	chant**ais**	tu	**as**	chanté	tu	chanter**as**
il, elle, on	chant**e**	il, elle, on	chant**ait**	il, elle, on	**a**	chanté	il, elle, on	chanter**a**
nous	chant**ons**	nous	chant**ions**	nous	**avons**	chanté	nous	chanter**ons**
vous	chant**ez**	vous	chant**iez**	vous	**avez**	chanté	vous	chanter**ez**
ils, elles	chant**ent**	ils, elles	chant**aient**	ils, elles	**ont**	chanté	ils, elles	chanter**ont**

MANGER

INDICATIF

Présent		Imparfait		Passé composé			Futur simple	
je	mang**e**	je	mange**ais**	j'	**ai**	mangé	je	manger**ai**
tu	mang**es**	tu	mange**ais**	tu	**as**	mangé	tu	manger**as**
il, elle, on	mang**e**	il, elle, on	mange**ait**	il, elle, on	**a**	mangé	il, elle, on	manger**a**
nous	mange**ons**	nous	mang**ions**	nous	**avons**	mangé	nous	manger**ons**
vous	mang**ez**	vous	mang**iez**	vous	**avez**	mangé	vous	manger**ez**
ils, elles	mang**ent**	ils, elles	mange**aient**	ils, elles	**ont**	mangé	ils, elles	manger**ont**

LANCER

INDICATIF

Présent		Imparfait		Passé composé			Futur simple	
je	lanc**e**	je	lan**çais**	j'	**ai**	lancé	je	lancer**ai**
tu	lanc**es**	tu	lan**çais**	tu	**as**	lancé	tu	lancer**as**
il, elle, on	lanc**e**	il, elle, on	lan**çait**	il, elle, on	**a**	lancé	il, elle, on	lancer**a**
nous	lan**çons**	nous	lanc**ions**	nous	**avons**	lancé	nous	lancer**ons**
vous	lanc**ez**	vous	lanc**iez**	vous	**avez**	lancé	vous	lancer**ez**
ils, elles	lanc**ent**	ils, elles	lan**çaient**	ils, elles	**ont**	lancé	ils, elles	lancer**ont**

AVOIR

INDICATIF									
Présent		**Imparfait**		**Passé composé**			**Futur simple**		
j'	**ai**	j'	av**ais**	j'	**ai**	eu	j'	au**rai**	
tu	**as**	tu	av**ais**	tu	**as**	eu	tu	au**ras**	
il, elle, on	**a**	il, elle, on	av**ait**	il, elle, on	**a**	eu	il, elle, on	au**ra**	
nous	**avons**	nous	av**ions**	nous	**avons**	eu	nous	au**rons**	
vous	**avez**	vous	av**iez**	vous	**avez**	eu	vous	au**rez**	
ils, elles	**ont**	ils, elles	av**aient**	ils, elles	**ont**	eu	ils, elles	au**ront**	

ÊTRE

INDICATIF								
Présent		**Imparfait**		**Passé composé**			**Futur simple**	
je	**suis**	j'	ét**ais**	j'	**ai**	été	je	se**rai**
tu	**es**	tu	ét**ais**	tu	**as**	été	tu	se**ras**
il, elle, on	**est**	il, elle, on	ét**ait**	il, elle, on	**a**	été	il, elle, on	se**ra**
nous	**sommes**	nous	ét**ions**	nous	**avons**	été	nous	se**rons**
vous	**êtes**	vous	ét**iez**	vous	**avez**	été	vous	se**rez**
ils, elles	**sont**	ils, elles	ét**aient**	ils, elles	**ont**	été	ils, elles	se**ront**

ALLER

INDICATIF								
Présent		**Imparfait**		**Passé composé**			**Futur simple**	
je	**vais**	j'	all**ais**	je	**suis**	allé(e)	j'	**irai**
tu	**vas**	tu	all**ais**	tu	**es**	allé(e)	tu	**iras**
il, elle, on	**va**	il, elle, on	all**ait**	il, elle, on	**est**	allé(e)	il, elle, on	**ira**
nous	**allons**	nous	all**ions**	nous	**sommes**	allé(e)s	nous	**irons**
vous	**allez**	vous	all**iez**	vous	**êtes**	allé(e)s	vous	**irez**
ils, elles	**vont**	ils, elles	all**aient**	ils, elles	**sont**	allé(e)s	ils, elles	**iront**